プロ野球の誕生

迫りくる戦時体制と職業野球

西 満貴典

彩流社

目次

第二章　職業野球団続々と誕生　83

第三章　待ち遠しい球春　155

はしがき

二〇一七年に野球本を書いてから執筆意欲に火がついた。はじめに、読売新聞社主催の日米野球（昭和六年）を著し（『追憶の日米野球』）、翌年には、ベーブ・ルースを招聘した昭和九年の日米野球に取りくみ大日本東京野球倶楽部（東京巨人軍）の誕生までえがいた（『追憶の日米野球Ⅱ』二冊とも彩流社刊）。

自然につぎに書くべきものが浮かびあがってきた。昭和六年、九年を扱ったので次作は昭和十年・十一年の野球界とそれをとりまく時代の風景、というように。

東京だけでなく大阪や名古屋においても職業《プロ》野球団が続々と結成されていく。大阪タイガース（昭和十年十二月創立・現阪神タイガース）、名古屋軍（昭和十一年一月、現中日ドラゴンズ）、東京セネタース（同年一月）、阪急軍（一月）、大東京軍（二月）、そして名古屋金鯱軍（二月）。巨人軍をふくめた七球団をたばねる組織、日本職業野球連盟が発足し（同年二月）、最初のリーグ戦（四月二十九日～五月五日）が行われることになった。

本書の話は昭和十年八月からはじまって基本的に時間軸にしたがってすすみ、職業野球の公式戦が本格的に開始される昭和十一年四月末でもって終わる――わが国の職業野球団の勃興期をえがく。

内容上、三つの章によって構成される。

第一章（東京巨人軍につづく職業野球団結成の胎動）は、昭和九年末に創立した大日本東京野球倶楽部（東京巨人軍）が第一次米国遠征（十年二月～七月）を終えてからの話である。唯一の職業野球団である巨人軍は帰国後、各地の社会人チーム相手に北海道から九州にいたるまで国内を転戦した（十年九月～十一月）。その間、東京、大阪、名古屋において、新たに職業野球団の結成にむけてのうごきが活発になってくる。そして、二番目のプロチーム、大阪野球倶楽部（大阪タイガース）が誕生する（十年十二月十日）。

第二章（職業野球団続々と誕生）は、昭和十一年初頭、職業野球チームがたてつづけに生まれる時期を中心にえがく――話の範囲は昭和十一年一月から二月半ばまで。新年早々わずか一ヶ月半のあいだに五球団が誕生した。そして東京巨人軍渡米壮行試合が名古屋の鳴海《なるみ》球場で行われた。野球史上、大正十二年に職業野球による対戦、日本運動協会対天勝野球団の試合が行われているが、巨人軍対金鯱軍戦が日本で最初のプロ同士で行われた野球試合であるとしばしばいわれている。ともあれ、七つの職業野球団が揃いリーグ戦を展開するだけの格好がととのった。その間に日本の針路を方向づける象徴的な出来事があった――一月下旬、海軍軍縮会議は決裂し日本の全権団は遂に退席。

第三章（待ち遠しい球春）は昭和十一年二月半ばから四月下旬までの話。各チームが、それぞれ切磋琢磨して公式戦にむけて戦力を充実させていく。ところが世を震撼させる出来事が起こったのはこの時期だ。厳寒の帝都の早暁、二・二六事件が勃発した。この事件を契機に陸軍の政治への関与はさらに強まっていく。当局と世間では「時局に鑑み……」の文言が合言葉のように共鳴し、ひとびとの言動はある特定の方向にみちびかれていく。一方、このような不穏な情勢のなかをぬうように職業野球界でのうごきが活発になっていく。大阪タイガースや阪急軍は、東京や名古屋のチーム（東京セネタースと金鯱軍）を招いて地元での初披露試合を行ったりした。また「友軍」同士の名古屋軍と大東京軍も精力的に実戦感覚をみがくことに余念がない。まさに球春到来。職業野球《プロ》初のリーグ戦の開催を待つことになる。

以上、第一章から第三章まで、わが国の本格的な職業野球団誕生にかんする記述を中心に展開していく。一方、本書全般にわたって、「迫りくる戦時体制」といった問題意識が流れていることも言い添えておきたい。それは、小著のテクスト全体を覆う通奏低音のようなものだ。本書は読み方によっては、「野球」自体が後景に退く可能性をひめている――これは筆者のささやかなもくろみでもある。

執筆にあたり、参照資料に現れる人物については細部に注目して記述することに努めた。反面、野球史の観点からみれば当然触れるべき野球人に言及していなかったということは大いにありうる。基本的に、本書は新聞記事をもとに展開されているので、紙面等に載った人物に限定される傾向にあることをことわっておかねばならない――とはいっても、紙幅の関係上登場人物すべてを取りあげているわけではないが。また、事実関係については正確を期すことを心がけたが、粗忽な筆者ゆえ遺漏の生ずることを危惧している。読者にはご寛容のほどお願い申し上げたい。また、ご批判など率直に承りたいと思っている。

【凡例】

一、引用部の文字遣いについては、基本的に原文通り――句読点の有無もふくめて――であるが、一部の旧字、旧仮名遣いは現代表記に改める。

一、登場する人物の名前の表記は、野球殿堂入り該当者の場合、『野球殿堂 2018』中の記載にならう（たとえば、澤村栄治〔榮治〕は「沢村栄治」とする）。

一、文中の「殿堂」の表記は、「野球殿堂」を指す。

一、「六大学」は、本書では「東京六大学」を示す。

一、書名、雑誌名は二重鍵かっこで記す。

一、引用文中の［ ］のなかの文言は筆者注を示し、（ ）は原文のままを示す。

一、出身地を表わす際、東京府東京市である場合「東京都」に統一する。

一、数字表記は、基本的に、漢数字を用いるがアラビア数字を使用する場合もある（生没年は半角で横向きに表示：例 1901-1978）。試合スコアの表記は、「5―3」のように表わす。

一、対戦組合せ表記は、たとえば「東京巨人軍対大阪タイガース」などにおいて、とくにホーム・チームの概念なしに任意に書き表わす。

一、チーム名は、日本職業野球連盟登録名に基本的にしたがう。東京巨人軍（巨人軍とも表記）、大阪タイガース（タイガースとも表記）、名古屋軍、東京セネタース（セネタースとも表記）、阪急軍（阪急とも表記）、大東京軍（大東京とも表記）、名古屋金鯱軍（金鯱軍とも表記）。

一、新聞資料の所蔵元については、國民新聞（本書では国民新聞と表記）と大阪毎日新聞は「国立国会図書館所蔵」、東京朝日新聞、新愛知新聞、および名古屋新聞は「名古屋市鶴舞中央図書館所蔵」（「鶴舞中央図書館所蔵」と略記）と付記して示す。なお、読売新聞については、読売新聞社より直接収集したので所蔵館は記さない。

一、本文中および注における人名の敬称は原則的に省略する。

第一章　東京巨人軍につづく職業野球団結成の胎動

幻の「日本野球協会」

昭和十年夏、職業野球団の勃興期が、まさにおとずれようとしていた。読売新聞社主催による二回目の日米野球戦を終えてから一カ月もたたない年の暮れ（昭和九年十二月二十六日）、大日本東京野球倶楽部（東京巨人軍）が誕生。わが国唯一の職業野球団《プロ》は翌春、米国へと旅立ち、マイナーやセミプロチームなどを相手に、一〇九試合を戦い抜いて七月中旬帰国した――第一次米国遠征（昭和十年二月十四日出帆、七月十六日帰国、75勝33敗1分）。

その年の秋、東京巨人軍は約二カ月半にわたり日本国内を廻り社会人チームと対戦した。各地でアマチュア相手に圧倒的な強さを示し、プロとしての面目をたもった（四十試合で36勝3敗1分）[1]――この3敗のうち2敗は同一チーム（東京鉄道局）から喫し、監督更迭劇など、のちの巨人軍内紛の種を植え付けることになった（後述）。

東京巨人軍が国内巡業をしているあいだ、各地で職業野球団の設立のうごきが活発になっていた。それは、自然発生的というよりもむしろ、巨人軍を興した読売新聞社長正力松太郎[2]の企図――大阪と名古屋の両大都市圏において、職業野球団（電鉄系と新聞社系でそれぞれ二チーム）を結成させるという目算――によるものであった。正力の構想は、当初、大阪においては阪神電鉄に、名古屋においては新愛知新聞にそれぞれ新球団を結成させることを念頭においていた――九州においても福岡日日新聞による球団設立をねらっていたが実現しなかった。大阪と名古屋におけるそれぞれのライバル会社の組合せ、すなわち、〈阪神電鉄・阪急電鉄〉と〈新愛知新聞・名古屋新聞〉の競争意識を利用することによって、対抗球団が自然と立ち上ってくる状況をみとおしていた。このように、複数の職業野球団を成立させて定期的な試合を行うことができれば、興行的にある程度成功するものとふんでいた。巨人軍ただ一チームだけでは、かつての日本運動協会（のちに宝塚運動協会）や天勝野球団のように、採算の合わない事業の二の舞をみることは必定であったからだ。

さて、大阪と名古屋の動向をみるまえに、東京において新球団[3]の発足が、くわだてられたことを示す新聞記事を紹介したい（資料1―1）。

読売新聞正力社長は、東京巨人軍のよき相手となる新球団の誕生に大いに期待をかけていた。東京會館[4]（資料1―2）における「日本野球協会」の設立披露会は多士済々が参集する様相を呈していた。同協会中心メンバーである鶴見祐輔《ゆうすけ》[5]、駒井重次《じゅうじ》[6]、有馬頼寧《よりやす》[7]伯、芦田均《ひとし》[8]などの政界のお歴々が列席していた。(9) そして、読売の正力も来賓として招かれていた。巨人軍のライバルチームになるはずの球団の母体となる協会の旗挙げに、正力が同席するのは妙な感じがするが、東京における新球団誕生への思いは、これまで、だれも成し遂げていないビジネスとしてのプロ野球事業を成功裡にみちびくことに執念を燃やしていたともいえる。昭和十年八月十八日付読売新聞、見出し「生まれたぞ！　東京巨人軍の弟分　新職業チーム　日本野球協会設立披露」（資料1―1）の記事内容はつぎのとおりである（傍点は中西）。記事中に「上井草」という西武鉄道沿線の地名が出ていることを記憶にとどめておかれたい（後述）。

なお、正力社長の挨拶のなかの「われわれの理想とする打倒米国野球の理想実現」は、大日本東京野球倶楽部（東京巨人軍）の設立の際の中心的な精神であることも付言しておきたい。

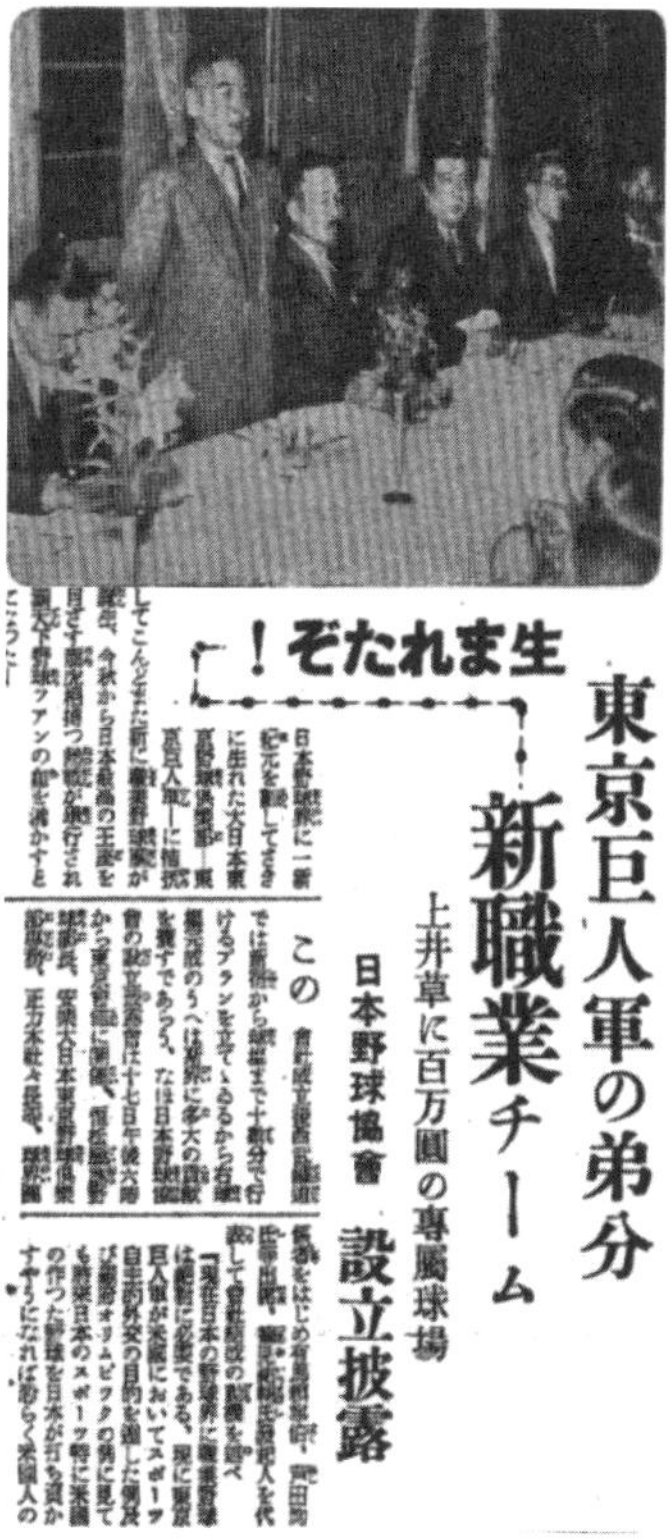

[資料1-1]昭和10年8月18日 読売新聞

　日本球界に一新紀元を画してさきに生れた大日本東京野球倶楽部――東京巨人軍――に拮抗してこんどまた新に職業野球団が誕生、今秋から日本最高の王座を目ざす龍虎相搏つ熱戦が挙行され満天下野球ファンの血を沸かすことになった——

新生チームは鶴見祐輔、駒井重次両氏が中心となった「日本野球協会」で兄貴分である東京巨人軍を目標として実力に於てはこれに劣らぬ強力チームを作ることゝなり目下各方面から選手を物色中で近く発表するまでの運びとなった、その専属球場は西武鉄道上井草に地を相し百万円の巨費を投じ、観衆八万人を収容する東洋一の大スタヂアム「武蔵球場」を建設する筈で、その第一期工事としてこの秋十月までに三万八千名を収容する観覧席（工事費三十万円）を急造することゝなり近く土工事にとりかゝることになった

場所は現在上井草にある陸上競技場、庭球コートをすっかり潰し更に周囲をとり入れたもので球場の坪数は二万五千坪、形は大体現在の神宮球場に似ているがメーンスタンドには将来二階屋根付の観覧席を設け米国オハイオ大学スタヂアムとアントワープ大スタヂアムの外観を模したもので設計は工業大学[10]教授小林政一氏の手に成ったものである

この会社が設立後西武鉄道では新宿から球場まで十数分で行けるプランを立てゝいるから右球場完成のうえは斯界に多大の貢献を齎《もたら》すであろう、なお日本野球協会の設立披露会は十七日午後六時から東京会館に開催、恒松慶應野球部長、安楽大日本東京野球倶楽部専務、正力本社々長等、球界関係者をはじめ有馬頼寧伯、芦田均氏等出席、鶴見祐輔氏発起人を代表して会社結成の動機を述べ

「現在日本の野球界に職業野球は絶対に必要である、現に東京巨人軍が米国においてスポー

ツ自主的外交の目的を達した例及び羅府［ロサンゼルス］オリムピックの例に見ても将来日本のスポーツ特に米国の作った野球を日本が打ち負かすようになれば恐らく米国人の対日本人観はガラリと変ってくるに違いない」と挨拶し

来賓正力本社々長は

「東京巨人軍に拮抗した強チームの出来る事は斯界のために慶賀に堪えない、それは単に野球の人気ばかりでなくわれわれの理想とする打倒米国野球の理想実現に一歩近づいたわけである」と祝辞を述べた、続いて恒松慶應野球部長、安楽大日本東京野球倶楽部専務の祝辞あって午後九時散会した【写真はその披露会、起てるは鶴見氏】

［資料 1-2］【上】初代本館の竣工当時の外観・東京會舘絵葉書（筆者所蔵）【下】現在の東京會舘・丸の内二重橋ビルの一部［千代田区丸の内三丁目］（筆者撮影）

東京巨人軍、全国転戦へ

昭和十年秋、東京巨人軍は、唯一の職業野球団として国内遠征の旅に出る――九月初旬より十一月中下旬までの国内巡業。その規模は、北海道から九州におよび、興行的な側面のほかにプロの技を地方の野球ファンに披露するものであり、かつ、「職業野球」というものの存在を認知させようとするもくろみがあったと思われる。遠征スケジュールの時期は四つに分けられる――第一期は東北・北海道、第二期は西日本、第三期は関東・東北、第四期は関東。

東京巨人軍の国内遠征スケジュールをまとめてみる（紅白戦をのぞく）[11]。表記は試合日、対戦チーム名、球場所在地または球場略称（かっこ内）の順で示す。また、傍点箇所は、このあと言及する試合を指す。

【第一期】東北、北海道

九月六日　全青森（青森）
七日　大洋倶楽部（函館）
八日　大洋倶楽部（函館）
十日　札幌倶楽部（札幌）
十一日　札幌運輸・札幌鉄道局（札幌）
十二日　旭川鉄道（旭川）
十五日　川崎コロムビア（横浜）

【第二期】西日本

九月二十二日　名古屋鉄道局（鳴海）
二十七日　全福岡（福岡春日原）
二十八日　門鉄小倉工場（別府）
二十九日　熊本鉄道（熊本水前寺）
十月一日　名古屋鉄道局（福岡藤伊田）
三日　大連実業（小倉到津）
　門鉄小倉工場（小倉到津）
四日　大連実業（春日原）
五日　全飯塚（飯塚）
六日　八幡製鉄（八幡）
八日　全三菱（長崎浦上）
九日　全福岡（長崎浦上）
十二日　全山陰（松江）
十三日　名古屋鉄道局（岡山西大寺）
十五日　全徳島（徳島日の丸）
十七日　全大阪（甲子園）
十九日　全京都（西京極）

十九日　名古屋鉄道局（西京極）
二十日　名古屋鉄道局（西京極）
二十二日　東京鉄道局（静岡）

【第三期】関東、東北
十月二十四日　全群馬（前橋）
二十五日　福島倶楽部（福島）
二十六日　全岩手（花巻）
二十八日　仙台鉄道局（仙台）
二十九日　秋田鉄道（秋田）

【第四期】関東（含東京）
十一月一日　大連実業（横浜）
二日　全横浜（横浜）
　　全鎌倉（横浜）
三日　全大宮＝東京鉄道局（大宮）
七日　全鎌倉（千葉谷津）
九日　東京鉄道局（戸塚）
十日　名古屋鉄道局（戸塚）
十六日　東京鉄道局（戸塚）
十八日　川崎コロムビア（戸塚）

巨人軍の国内遠征試合のなかから、六試合（傍点を付した試合）をピックアップする。最初に、青森での初戦（九月六日）。つぎに、対名古屋鉄道局戦（九月二十二日、鳴海球場）、そして、対全大阪戦（十月十七日、甲子園球場）を取りあげる。これらの試合は、それぞれ、名古屋と関西において職業野球団を興すための試金石となった試合である。最後に、東京巨人軍の監督更迭の引き金となった、対東京鉄道局戦についてみてみたい――対東京鉄道局戦は全部で四試合あったが、十月二十二日・静岡球場、十一月三日・大宮球場、十一月九日・早大戸塚球場での三試合を取りあげる。

それでは九月六日の全青森倶楽部戦を皮切りに、長期ロードにむかう記事（昭和十年九月四日付読売新聞）をみてみよう（資料1―3）。

愈よ全國轉戰へ
あす北海道へ向ふ
十五日横濱で川崎軍と對戰
東京巨人軍
第一期試合日割決定

六日(金)	青森	全青森倶楽部
七日(土)	函館	大洋倶一回戦
八日(日)	同	同 二回戦
十日(火)	札幌	札幌倶楽部
十一日(水)	同	（札幌運輸 札幌鉄道局）
十二日(木)	旭川	旭川鉄道
十四日(土)	鶴岡	紅白模範試合
十五日(日)	横濱	川崎

［資料1-3］昭和10年9月4日 読売新聞

記事（資料1―3）内容の一部を記す。

> 去月十五日から京成沿線谷津のホーム・グラウンド[12]で一意練習を励んでいた東京巨人軍チームは愈よ機熟して来る五日朝東京を出発しまず駒を東北、北海道の地に進め帰朝以来最初の試合を別項の如きスケジュールで展開することゝなった、このスケジュールは巨人軍今シーズン第一期のもので引続き第二期、第三期のスケジュールは東海、関西、山陰、山陽、九州、朝鮮と伸ばされ、さらに北陸信越を廻って十一月東京へ帰る予定を立てつゝあり、第一期スケジュールのうち注目すべきは十五日帝都の關門《かんもん》横浜公園球場に於いて都市対抗野球のランナースアップ全川崎軍[13]と対戦することである、……〈後略〉

東京巨人軍の帰国後国内遠征第一戦は、九月六日青森球場にて全青森倶楽部を相手に12A―0で圧倒した[14]。巨人軍の先発投手は青柴憲一[15]、次いでスタルヒン[16]、そして沢村栄治[17]という最強投手陣が繰り出された（各三イニング）。打っては、三遊間強力コンビの水原茂[18]（三塁手）と苅田久徳[19]（遊撃手）が猛打をふるい、青森の野球ファンにプロのすごさを存分に知らしめることになった（資料1—4）。

記事（資料1—4）内容の一部を記す。

半年に亘る米国転戦を終えて帰朝した東京巨人軍が今秋全国にわたる遠征の第一歩として乗り込んだ東北路の第一戦、対全青森軍との試合は各地のファンから多大の期待をうけ六日青森球場で挙行された、久し振りの快晴に恵まれて観衆約二千、この地としては珍しい盛況である、試合は午後二時四十五分小林青森県知事の始球式後工藤（球）、長谷川、岡本、上田（塁）四氏審判の下に全青森の先攻で開始されたが巨人軍は猛打を発揮して第一回一挙六点をあげて早くも大勢を決し結局十二A対零で全青森軍を一蹴、強豪ぶりを発揮した

“東京巨人軍”歸朝第一戰

12A—0

猛打を發揮して全青森を一蹴

颯爽たりその堅陣

投手陣の洗煉と水原の快技

試合評

［資料 1-4］ 昭和 10 年 9 月 7 日 読売新聞

名古屋で新職業野球団結成への胎動

正力の職業野球構想は名古屋と大阪においてそれぞれ仕掛けられていた。伏線にあるのは日米野球（昭和六年・九年）だ。名古屋での開催は二回とも新愛知新聞が主催することになり鳴海球場で行われた。野球熱の高い中京地区の多くのファンが球場につめかけ興行的に成功をおさめていた。野球史研究の大和球士は記している。「大阪と同じ手法で、新愛知の競争紙である名古屋新聞に

流石無敵の巨人軍
名鐵を悠々撃破
雨の鳴海球場で熱戦

[資料 1-5] 昭和 10 年 9 月 23 日　新愛知新聞（鶴舞中央図書館所蔵）

（正力が）働きかけたから、名新も新愛知に負けてはいられぬ、と新球団作りを決意した。行動を開始したのは、昭和十年九月二十二日……巨人対名古屋鉄道局（於鳴海球場）が行われた直後であった。巨人がアメリカから帰って、全国縦断の旅に出た第一戦――正確には、第二期（西日本遠征）の第一戦――であったから、〃初もの喰い〃のお客さんが多数詰めかけて興行成績も大いにあがったので、新愛知も名古屋も、急いで選手集めにとりかかった[20]」。名古屋での

新職業野球団結成にむけて、大きなはずみとなった試合を伝える記事を示す（資料1―5）。

関西で新職業野球団結成への胎動

東京巨人軍が全国各地を廻って孤軍奮闘をつづけているあいだ、関西では、職業野球団結成にむけてのうごきが沸き起こっていた。読売の正力の企図――職業野球のリーグ戦が行える環境（複数のチームが競い合う状態）を一刻も早く作りだす計画――がいよいよ現実化しつつあった。大阪では十月一日に、阪神電鉄が新球団設立のための事務所をかまえ、選手の獲得に乗りだし始めたばかりであった。目だたないように注意していたが、新聞（読売）が早々、阪神電鉄のうごきを突如世に知らしめた（資料1―6）。

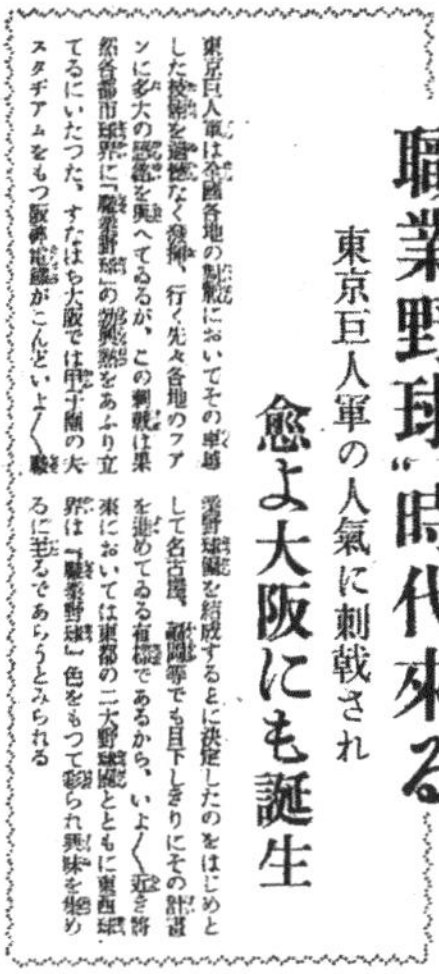

"職業野球"時代來る
東京巨人軍の人氣に刺戟され
愈よ大阪にも誕生

東京巨人軍は全國各地の對戰においてその卓越した技術を遺憾なく發揮、行く先々各地のファンに多大の感銘を與へてゐるが、この刺戟は果然各都市球界に「職業野球」の勃興熱をあふり立てるにいたつた、すなはち大阪では甲子園の大スタヂアムをもつ阪神電鐵がこんどいよ〳〵職業野球團を結成することに決定したのをはじめとして名古屋、新潟等でも目下しきりにその計畫を進めてゐる有様であるから、いよ〳〵近き將來においては東都の二大野球團とともに東西球界は「職業野球」色をもつて彩られ興味を集めるに至るであらうとみられる

［資料1-6］昭和10年10月9日 読売新聞

記事（資料1―6）内容を記す。

東京巨人軍は全国各地の対戦においてその卓越した技術を遺憾なく発揮、行く先々各地のファンに多大の感銘を与えているが、この刺激は果然各都市球界に「職業野球」の勃興

熱をあふり立てるにいたった、すなわち大阪では甲子園の大スタヂアムをもつ阪神電鉄がこんどいよ〳〵職業野球団を結成することに決定したのをはじめとして名古屋、福岡等でも目下しきりにその計画を進めている有様であるから、いよ〳〵近き将来においては東都の二大野球団とともに東西球界には「職業野球」色をもって彩られ興味を集めるに至るであろうとみられる[21]

さて、東京巨人軍の創立の一年後の昭和十年の師走、大阪において巨人軍につづく二番目の職業野球団が結成される経緯について、球団史をひも解いてみよう（傍点は中西）。[22]

株式会社阪神タイガースは、当初、阪神電鉄を経営の基盤とし株式会社大阪野球倶楽部の商号で、昭和十年十二月十日誕生した。初代会長は松方正雄[23]で、社長制はとらず専務取締役・富樫興一[24]と常務取締役田中義一[25]が実務を担当した。会社設立のための準備委員会は十月一日に発足、事務所を大阪・中之島の江南ビル四〇七号室に置いたが、同じビル内に「日本新聞聯合」（翌十一年一月一日同盟通信となり、終戦後の二十年十一月一日共同通信として新発足）が入居していたこともあって、球団創設の計画が漏れることを警戒、看板もあげずに隠密裡に事を運んだ。[26]資本金二十万円（一株五十円で四千株）で、株主は十一人を予定、阪神電鉄・今西与三郎社長が三千株を保有して筆頭株主の地位に立ち、同社の石井専務、岡常務、細野支配人、神谷庶務課長、吉江事業課長、富樫事業係長が各百株、そして会長に撰せられていた松方正雄、大林組社長・大林義雄と、話を持ち込んだ田中義一と中川政人が各百株を保有することになっていた。しかし「阪神」の名は表に出さず、アメリカ流に都市名を頭に冠し、ニックネームは阪神電鉄社員から募集することにしてデビューの日を待った。「大阪野球倶楽部」が「阪神タイガース」と社名を変更したのは、それから約二十五年を経過した昭和三十六年四月一日からである。

家賃百四十円で借り受けた十二坪のビルの一室が、タイガースの組閣本部になったとはいうものの、富樫、田中、中川はもちろん、吉江まで選手勧誘に走り回る日が続いたので、事務所は留守番の女子職員増田が電話当番に当たるだけ、ひっそりと静まり返っていた。

隠密裡に事を運んだつもりであったが、読売新聞が「大阪でも職業野球団結成」と報道したのが十月十日付［筆者注：提示した資料は十月九日付］だった。したがって事務所を開いた十日目には、世間へパッと広まってしまったことになる。

阪神本社からのGOサインが出て、初めて事務所を開設し、十二月十日、球団結成の発表という段取りになったものの、稟議書に決裁がおりたのは、十二月六日だった。

この時代、職業野球というものに対する世間の目は冷ややかであった。そのような空気のなかで、新球団の設立に当たり、卓越した情熱と展望をもった人物が大きな仕事をしていくことになる。実務面での働きにおいて重要な役割を果たしたのは、富樫興一、田中義一と中川政人であった。この三人が球団設立の実務を担っていくのだが、その任務に就かせたのは細野躋《のぼる》(27)阪神電鉄取締役支配人であった。後年の細野氏の述懐を引いてみる。(28)

日本にプロ野球が生れてちょうど二十年になる。(29)昭和九年の末に読売新聞をバックに結成された巨人軍がその草分けであるが、その頃は何といっても学生野球の全盛時代で〝野球を商売にするなんて神聖なるスポーツを冒涜するものだ〟とひどく邪道視されていた時代だから「プロ野球」という一つの社会をつくり出すには大きな苦しみがあった。

わがタイガースの誕生は満一ヵ年後の昭和十年十二月であるが、その動機というのはまだ相手チームのない巨人軍を抱えた読売の正力社長からの誘い水であって、阪神電車は甲子園に大球場をもっていることでもあり、前年の十一月ベーブ・ルースやゲーリッグがアマチュアのオール日本チームと試合したとき相当な観衆が入ったので、一つプロ野球を結成してはと業務担当の役員をしていた私に話が持ちこまれた。

実はこちらも球場の利用法には頭を悩ましていた時であった。春、夏の中等学校野球大会のほかはめぼしい中学チームを、こちらからギャランティーを払って来てもらう程度で、他に催物も少なく、四季を通じて球場を活用するにはプロ野球に限ると考えた。私は大の野球ファンなので趣味半分、仕事半分で熱心に計画を練り、重役会で承認を得たので、今西社長や石井専務と相談し、当時甲子園でのことで事業課と関係の深かった関大野球倶楽部（関大ＯＢチーム）の理事長の田中義一、同倶楽部のマネージャーの中川政人、うちの事業部の富樫興一の三氏に膳立てを頼んだ。

阪神電鉄をバックに新職業野球団設立の統括をしていた細野から指名された三氏は、実際、どのようにチーム結成に当たったのか、田中と中川のうごきを追ってみたい[30]。そのうえで富樫の役割を位置づけてみよう。

阪神電気鉄道株式会社へ最初にプロ球団をつくらないかと話を持ちかけたのは春先のころで、当時清宝バスの専務だった田中義一と、彼の後輩で関西大学野球倶楽部のマネージャーだった中川政人の二人。その橋渡し役をしたのが甲子園球場長を経験した富樫興一だった。株式会社大阪野球倶楽部が発足したとき、専務・富樫、常務・田中、取締役支配人・中川という布陣になったのもいわれのないことではない。田中と中川がプロ球団の話を持ち込んだのは、昭和六年と九年の日米野球がファンの関心を集めたという現実が伏線になっている。近い将来日本の野球がプロ本流に移行するという読みもあったし、東京に誕生した巨人軍が孤立する状態が長く続くようでは、芝浦、宝塚の二の舞いを演じかねないという危惧もあった[31]。しかもプロ球団の経営は個人資本の到底及ばない領域のものだとする判断があって、そのうしろ盾を阪神電鉄に求めたとするのが、一応筋の通った見方であろう。

大阪での職業野球団の設立の主要な動因は、そもそも読売側の意向にもとづくものであった。それは、東京のほかに大阪、名古屋に職業団を発足させて——大阪に二球団、名古屋に二球団——、それぞれを競わせるという仕掛けであった。東京での二球団は資料1—1でみられるように、鶴見祐輔らを中心とする日本野球協会が担うことになっていた——実際のところ当協会の計画は頓挫してしまうが。このような文脈のなかで、大阪での職業野球団設立をめぐるうごきを把握することが必要であろう。前掲資料の引用をつづける。

同じころ読売側からも正力の意向を体した市岡忠男(32)が、旧知(33)の富樫に対して働きかけてきた。正力のねらいは大阪、名古屋にとりあえずプロ球団をつくることにあった。甲子園を背景にした阪神電鉄を動かせば、過去に宝塚協会の実績を持っている阪急電鉄も、対抗上なんらかの手を打つだろうという判断があった。名古屋に確固たる地盤を持つ新愛知新聞を動かせば、競争紙である名古屋新聞も手をこまねいていて傍観的態度はとらないだろうという計算があった。結果的には正力の思惑どおりに動くわけだが、阪神との接触が始まるころ東京では鶴見祐輔、駒井重次らによって新球団結成の計画が進められていたので、三都市に二つずつのプロ野球団誕生の可能性さえ考えられた。……〈後略〉

2A―1

〝足の田部〟大活躍

全大阪を撃破

巨人軍＝京阪第一戦

甲子園にて宇野特派員電話

巨人軍 1 0 0 0 0 0 0 0 1A　2
全大阪 0 0 0 0 0 0 0 1 0　1

［資料 1-7］昭和 10 年 10 月 19 日夕刊 読売新聞

大阪における新職業野球団が、果たして、結成されるかどうかの試金石となった試合がある。地元のアマチュア強豪チームである全大阪と、東京巨人軍との試合において、プロフェッショナルと称される選手たちがどのようなプレーをみせて、観客を魅了することができるのか。また、舞台である甲子園球場にどれだけの客が入ってくれるのか。このような経営上の懸念を払拭するために、阪神電鉄サイドは実際に現場におもむいて、自分の眼で見てビジネス案件として妥当なものかどうかを確かめる必要があった。多大な投資をして職業野球団を興すまえに、事業としての見込みの可否について肌感覚で確認する必要があったのである。問題の試合の記事紙面を資料1―7に示す。それにしても、田部選手[34]の「足」は絶好調であった。

記事（資料1―7）内容の一部を記す（傍点は中

西）。

【甲子園にて宇野特派員電話】

九州、中国、四国を転戦した東京巨人軍は京阪に駒を進めて十七日は甲子園球場に於て関西の強雄全大阪軍と戦いを交えた、前夜来の曇天はスッカリ晴れ上って爽快な秋晴れはファンの出足を誘い盛観を呈した

さきの西日本都市対抗野球に健闘した全大阪は明石中学出の新進投手山田をプレートに送り本田を右翼に据えて陣容を改め巨人軍も水原を遊撃、新富を三塁に配して三遊間方面に備え澤村、中山のバッテリーで対陣した

試合は最初から投手戦を演じ巨人軍まず一回田部の快足によって一点を先取して試合をリードすれば大阪は八回一点を快復して同点となしたがその裏巨人軍はまたもや田部の盗塁によって一点を加え遂に二A対一で決勝した

職業野球団が巨人軍という単一チームだけしかないという状態を長くつづけるわけにはいかなかったので、大阪や名古屋でも早急の新球団の設立が望まれていた。しかし、無条件につくっていい、というわけにもいかなかったのが現実である。この試合（十月十七日の東京巨人軍対全大阪戦）の重要性について、巨人軍サイドも同様に認識していた。この件について、巨人軍の球団史に

は、つぎのように記述されている。(35)

十月十七日、大阪に移動しての対全大阪戦は、単に勝敗の行方だけではなく、今後の巨人軍の方向に大きな影響を与える試合だった。

この試合の舞台・甲子園球場を経営する阪神電鉄は、昭和六、九年の日米野球開催によってプロ野球が将来有望なビジネスとなりうるのを数字のうえからつかんでいた。球場主任の富樫興一が巨人軍の株主の一人であった……〈中略〉……その富樫は巨人軍の帰国以来、再三上京してプロ野球経営の実態について研究を重ねていた。十月一日には、大阪中之島の江商ビルに新球団の創立事務所を設け、選手募集に着手し、十月四日には全大阪戦の打ち合わせを兼ねて上京、巨人軍事務所を訪れて細部の検討に入っていた。

読売新聞はこの動きをとらえ、「職業野球時代来る」という二段抜きの見出しに「東京巨人軍の人気に刺激されいよいよ大阪にも誕生」というサブ・タイトルをつけて報じた。〈中略〉……とにかく巨人軍ナインも、この十月十七日の甲子園での対全大阪戦が重要な意味をもっているのを知っていたということだ。

進行中の阪神電鉄プロ・チーム設立計画は、もし当日、巨人軍がアマチュアの全大阪に負けるとか、ファンの入りが悪いということにでもなれば、その計画にブレーキがかかるのは十分予測できた。つまり、阪神が巨費を投じて新球団をつくったとしても、それが果たしてビジネスとして成立するかどうかのテストケースが、全大阪との一戦だった。監督の三宅は、この重要な一戦にエース沢村を先発に起用、足を痛めていた苅田の代わりに水原を遊撃に、三塁には新富[36]をまわして必勝を期した。〈中略〉……この試合の有料入場者数は四千四百八十六人、収益は千六百六十六円五十銭だった。

史実をたどれば、日本における最初の職業野球団は、東京巨人軍ではなく「日本運動協会」というチームであった[37]。しかし、当時、定期的に対戦する職業団はなく、安定した経営をつづけることはむずかしい状況にあった——また、不幸なことに、関東大震災による被災、帝都復興のため専用球場（芝浦球場）の供出等により球団経営は長く続かなかった[38]。職業野球団を興す者にとって、このような過去の職業団のたどった途の記憶は容易に消えるものではなかった。しかし、阪神電鉄は職業野球がもうかるビジネスとしての感覚がすでにあった——二回にわたる日米野球の開催で、甲子園球場を使用したときの採算は満足のいくものであった。読売側からの強い誘いがいくらあっても、それを商売にするかどうかはもちろん阪神電鉄側の判断が優先するものであったが、大きな流れとしては新職業団設立の方向ですすんでいた。この件の事情について他の資料から引いてみたい[39]。

大日本東京野球倶楽部の結成以前にも、日本運動協会、その後身の宝塚運動協会、そして天勝野球団(40)と、三つの職業野球チームが結成されたが、それぞれ単独のチームとして結成されたため、対戦相手にもこと欠き、これが原因で短命に終わった……〈中略〉正力のプロ球団結成の呼びかけは、いわば、この〝前史〟を反面教師としたものだった。

巨人につづいて最初にプロ球団結成の名乗りをあげたのは阪神電鉄だった。すでに述べたように、阪神は昭和六年の第一回日米野球戦で二ゲームを甲子園で行ない、七万円もの興行収入をあげていた。昭和九年の第二回日米野球戦でも同様の収益をあげ、阪神首脳部の間には、プロ野球は儲かる、との考えが浸透していた。

そこに正力から手紙がきた。第二回日米戦で稼いだ儲けで、今度設立する大日本東京野球倶楽部の株を持てという手紙だった。このとき読売と阪神の興行契約は、二試合で五万円というものだったが、興行収入は第一回と同様七万円あったから、丁度二万円の儲けだった。

正力の手紙には、額面五十円の株を四百株持てとあった。第二回日米戦の興行で阪神があげた二万円の収益とぴたりあう計算だった。昭和九年十二月二十六日の大日本東京野球倶楽部の創立総会で、阪神電鉄甲子園主任の富樫興一が四百株の株主となったのは、このためだった。正力は最初から、これはと睨んだ相手を、自分の陣中深くひきずりこんでいた。

さて、阪神電鉄のうごきについて概観してきたが、阪神電鉄のライバル、阪急電鉄の動静はどのようなものであったのだろうか。読売（＝正力）の思惑どおり、阪神電鉄のくわだてに対抗意識をもって阪急側はのぞんだのだろうか。関西におけるもひとつの球団の設立は単純に読売の意向にしたがっていた、という図式で説明できるものではない。阪急電鉄の方策は阪神電鉄のうごきに呼応する部分もみとめられるが、阪急グループの創始者小林一三[41]は、読売の職業野球構想とは別の設計図をすでに描いていた。しかしながら、阪急電鉄を主体とする新球団が結成される直接の起爆剤は阪神電鉄のうごきにあった――その分、阪急は、選手争奪の面で一歩おくれてしまっていることは否めない。阪急電鉄は、阪神電鉄による新職業野球団の設立のうごきを知ることになり。球団設立にあわただしく取りかかる。阪急の球団史から球団立ち上げについての記述を引いてみよう[42]。

昭和十年（一九三五）の秋、十月下旬のある日、阪急百貨店の洋家具売場に勤務していた村上実[43]は、上司の百貨店部第六課長の太田垣士郎（第六代阪急電鉄社長、のち関西電力会長）から、電鉄本社の佐藤博夫専務（第五代社長）のもとへ行くよう命じられた。一度の面識も得ていない佐藤専務のもとへ行けとはどういうことなのか、入社して四年目の村上は、半ば恐る恐る佐藤の部屋を訪ねた。

「君が村上君か。うちの会社も職業野球のチームを作ることになったんだ。ご苦労だが、君、ひとつそれをやってくれないか」

狐につままれた思いの村上に、佐藤は一通の電報を見せた。

「即刻、職業野球団を作り、西宮北口に野球場を建設せよ。万事、大阪毎日新聞社の奥村信太郎専務に相談せよ」といった内容であった。海外視察の途につき、ワシントンに滞在していた小林一三会長から副社長の上田寧に宛てたものであった。

昭和九年末に東京巨人軍を興した読売新聞は、東京、名古屋の新聞社や電鉄会社に、リーグ結成を呼びかけ、大阪ではその動きが阪神にも及んでいた。その情報をキャッチした大阪毎日新聞社の奥村信太郎専務、高石眞五郎主筆は直ちにワシントン支局に一報入れ、小林一三に、阪神が年内に球団結成の運びになっていることを知らせ、「もし、貴殿にその意思があるなら、全面協力を惜しまぬ」と伝えた。その報を受けて小林は、即座に指令の電報を自社宛に発したのである。

その日、小林は日記に次のように書き留めている。

「十月二十五日　金　快晴　大毎支局長の栗山君来訪。本社からの電報によれば、『阪神が職業野球団を編成することにきまったが、阪急もそれを実行するならば、出来る丈、大毎は協力するから』という御注意であった。阪急がかねて計画して土地も買収契約済の西宮北口にグラウンドを作り、職業野球団を設けるという方針が漏れたのではあるまいか。それが為めに阪神が急に着手したものとすれば、阪急としても今更内密にしても仕方がないと思うから、上田君に電報した。『大毎に相談して北口運動場併に職業野球団設置、至急取計願い度し、返事待つ』

（一三翁日記・在ワシントン）

小林一三の職業野球構想は、にわかづくりのものではなかった。小林がこの電報を打った九カ月まえの昭和十年一月、すでに、職業野球構想についての自身の考えを、雑誌『改造』のなかで明らかにしている（傍点は中西）。[44] それは、関西の四つの電鉄会社がそれぞれ職業野球チームをもつものであった。阪急電鉄、阪神電鉄、京阪電鉄、大阪鉄道による、いわば、鉄道リーグのようなものをイメージしていたようだ。

職業野球団設立の機運はやゝ熟して来たように思うそこで問題はどういう組織で設立するか、どういう方面から選手を集めるか、というのであるが、会社組織又は法人組合等設立の手段にはいろいろ方法もあるだろうが、要するに設立後営業として成立し得るにはどうしたらよいか、というのが先決問題である。

私は、計画だによければ必ず成立するものだと信じている、それはグラウンドを持つ鉄道会社、たとえば、東京からは、京成電車、東横電車、関西ならば、阪神の甲子園、阪急の宝塚、京阪の寝屋川、大阪鉄道の何とかいうグラウンド等立派な野球場を持つ是等の鉄道会社が各会社専属のチームを作って、毎年春秋二期にリーグ戦を決行する、そうして優勝旗の競争をする、斯くすることによって各電鉄会社は相当の乗客収入と入場料と得るのであるから、野球団の経常費を支出し得て、或は余剰があるかもしれない。只だ此場合、野球場の置位、たとえば、甲子園と宝塚と寝屋川では入場者の数に非常な相違があるので其収入金の分配に就て公平に決算し得る方法を考慮する必要があるので、それさえきまれば設立は難しくないと思う。実は私は、此四電鉄会社の野球団設立を発言して居るのであるけれど、又、此案の成立に大毎運動部[45]は相当に努力しているけれど、いろいろの事情で実現しないのを遺憾に思っている。……〈後略〉

阪急電鉄は新職業野球団の結成と専用球場[46]の建設にむかって急いでいた――阪神電鉄は甲子園球場という立派な球場を持ち合わせているので、阪急はそれに対抗する球場を作らねばならなかった[47]。阪神電鉄の新球団編成の仕事は前述のように、富樫や田中や中川らによって、精力的に進められていた。一方、阪急電鉄はその点において、ライバル会社の後塵を拝することになったが、対抗意識に火が付き、猛然と巻き返しをはかった。新球団を編成するうえで、阪急側の実務を担う人物は村上実（慶大出）であった。阪急は、球団編成面において自然と慶應色に彩られていくことになる――阪急グループ創業者の小林一三も慶大出身。阪急の球団史には、村上の奮闘ぶりが描かれている[48]。

事態は急を要した。直ちに新球団の編成と新球場の建設に取りかかることになった。総指揮は専務の佐藤博夫であった。

白羽の矢が立った村上実は昭和七年阪神急行電鉄（現阪急電鉄）に入社、慶応義塾大学の出身で、在学中野球部のマネージャーを務め、名監督腰本寿[49]のもとで慶応全盛時代を築いた一員であった。

「小林会長のご帰国は来年二月の予定だが、それまで何とか選手の目鼻をつけて欲しい」

否応はなかった。村上は部屋を引き下がってしばらくの間、呆然自失の態であった。事の重大さをはっきり自覚するまで少なからぬ時間を要した。だが、命を受けたからには、一刻の猶予もならない。とにかく電文の指示どおり堂島の大阪毎日新聞社に奥村専務を訪ねた。

村上の顔を見た奥村専務は、小林一三にかねてよりプロ野球団結成の意思があったこと、阪神をはじめ有力新聞社などで、球団づくりが進められていること、来春にはプロ野球リーグ結成の運びとなっていることなどを説明し、鈴木三郎運動部長を紹介してくれた。……〈中略〉

大毎と具体的なチームづくりを相談するに当たって、村上は総指揮の佐藤専務、仁木積一事業課長とともに、次のような方針を定めた。

一、チームとしては、日本最強のものを作り得るに足りる選手を集めること。

二、選手は技術以外にも、出来る限り人物を選ぶこと。

三、現在のところ、宝塚球場を以てホームグラウンドとなす。

四、チームの結成及び発表は、明春早々出来る限り早く此《これ》を行うこと。

五、大毎と提携、以て事に当たること。

豪快で洗練されたチームを作らねばならない。その理想を貫くためには、どういった選手を獲得し、それらの選手にどのくらいの資金を用意すえきか、あるいは、それらの選手は、すでに他球団と契約を成立させてはいないか、村上の不安は募るばかりであった。

村上の大毎運動部への日参が始まった。まず手始めに、全国の中学、大学、実業団などの目ぼしい選手たちのリストづくりを始めた。事実、阪神に続き名古屋方面でも球団編成が進められ、選手獲得の動きが激しく、阪急はこの時点ではすでに立ち遅れていたのである。

集められた情報をもとに、大毎鈴木運動部長、同部の小野[50]と協議のうえ、宮武三郎[51]（投手　慶大出身）を主軸に、伊達正男[52]（投手　早大出身）、山下実[53]（一塁手　慶大出身）、鶴岡一人[54]（三塁手　法大）らをリストアップした。問題は、これら選手をどうすれば獲得できるかであった。いずれも世評が高い選手たちである。他球団の手も伸びているに違いない。ゆっくり考えてはおれなかった。村上は直ちに行動を開始した[55]。

スポーツ
球都名古屋に
職業野球團
斯界の權威太田氏を顧問に
本社の計畫具體化
時代の要求
太田四州

［資料1-8］昭和10年11月1日　新愛知新聞（鶴舞中央図書館所蔵」）

職業野球団勃興のうごき

昭和十年十月、新職業野球団の結成にむけて各地で精力的に準備が為されていた（資料1―8は名古屋でのうごき）。関西では、これまでみてきたように阪神電鉄と阪急電鉄が先を争うようにチーム編成を急いでいた――阪神電鉄は甲子園球場があるので、一から本格的な球場を作らねばならない阪急にくらべて有利な状況であった。

一方、名古屋においても監督人事を中心に新球団設立にむけての計画が顕在化してきた。資料1―9の記事（十一月一日付）をみてみよう（傍点は中西）。

野球革命時代來る！

續々生れる職業團
年内に四チーム旗揚げ
絢爛たる對抗戰出現

永井、宮武、伊達を始め
一流選手相次いで參加

岡田明大監督辭任
職業團に入る
谷澤助監督昇格か

[資料 1-9] 昭和 10 年 11 月 1 日 読売新聞

記事（資料1―9）内容の一部を記す（傍点は中西）。

日本の野球はこゝ二、三年に益《ますま》す急激な発展の過程を辿り、文部省の統制令が学生野球の自由を拘束しているもの、全般的には加速度的飛躍の傾向を示している、この機運に乗って東京巨人軍（大日本東京野球倶楽部）が先駆をなした職業野球団の芽生えは、東京巨人軍結成以来一年を経ずして全日本各地に澎湃《ほうはい》たる職業野球団を！の要求を呼び起し遂に明年春のシーズンには東京、大阪、名古屋の三大都市にチームが結成され、華々しく対抗戦を演ずるの壮観が実現する運びに至った、即ち東京に於ては巨人軍に対立して既に名乗りをあげた日本野球協会があり、大阪に於ては阪神電鉄を中心にして着々創立が具体化されている、一方名古屋に於ては新愛知と名古屋の中京二大新聞が各々名古屋財界の有力者と相提携して対立的二チームを作りつゝあり、これ等の職業野球団は何れも資本金二十万円乃至三十万円の基礎をもつもので、おそくとも本月中には四チームとも相前後してその全陣容が決定されるまでに進んでいる、その他大阪では阪神に対して阪急中心の対立チームが画策され、また横浜、京都、福岡等にも職業球団結成の準備が秘かに進められている形勢にあるから、日本の野球界は今や一大革命期に直面し、多年の懸案であり待望であった「職業野球時代」が愈よやって来たと断言しても差支えなかろう、想うても見よ、この日本に於る職業野球の絢爛たる争覇戦がやがては世界の二大野球団、日米の間に世界野球争覇戦の豪華な絵巻物となって展開することを――昭和十一年春のシーズンを契機にその日は近づいてくるのだ

明年春のシーズンを前にして勇ましく打って出る東京、大阪、名古屋の四職業野球団にはどんな人達が入るだろうか？これは少なからぬ興味あることだが各創立当事者とも極秘裡に交渉を進めているため明確な断定は難しい、併し別項岡田明大監督[56]の辞職は同氏が既に名古屋職業野球団の監督に転向する決意を固めているためであることは明確とされており、早大の先輩加藤吉兵衛氏[57]は大阪軍の監督に、東京倶楽部の強打者慶大出身の永井武雄氏[58]は日本野球協会の監督に兼選手にいずれも確定しており[59]、……〈中略〉

「岡田明大監督辞任　職業団に入る」

六大学野球部で最も古い監督としてその名声を謳われている明大監督岡田源三郎氏は予てか

ら辞意をもらしていたが今シーズンを最後として永年の職を退き中京職業野球団入りの決意を固め既に学校当局にまで辞表を提出した……〈後略〉

さて、名古屋の状況は後述することにして、阪急電鉄が興す新職業野球団の監督人事についてみてみよう。それは、東京巨人軍が国内転戦中の出来事であり、ややこしい話であるが、当時の巨人軍の問題を象徴的に示している。先ずは、阪急電鉄の監督として、慶應OBの三宅大輔をすえることについて阪急サイドからみてみよう。(60)

初代監督に慶應OBの三宅大輔

宮武三郎、山下実のほか幾人かの選手を獲得したことによって、ほぼチームの骨格は出来上った。次の課題は誰を監督に迎えるかである。村上実がチーム編成に奔走するなか、常に書き留めていた〝覚え書き〟によれば、まずチームリーダーとしての監督の条件を述べたあと、「ベースボールの頭脳の点に於て、現在の球界（日本）に於て、此後の職業野球団選手を育てて行くに足りるだけの知識及び技能を有する事は必須の事にて、現在、此の点についての研究家として著名なるは、慶応系にては直木松太郎氏(61)、早大系にては河野安通志氏(62)、慶応系の現巨人軍監督三宅大輔氏(63)、早大系橋戸頑鉄氏(64)、飛田穂洲氏(65)など…」として、上記の人たち以外に、長浜俊三（慶応ＯＢ）、高須一雄（早大ＯＢ）、小野三千麿（慶応ＯＢ）といった人たちの名も挙げている。

このなかで慶応出身の三宅には、チームづくりに取り組むに際し、村上は何かと相談を持ちかけ、候補選手の情報を得ては獲得に奔走していた。だが、三宅はこのときはまだ巨人軍の監督であった。従ってアドバイスを受けても、彼を阪急の監督に迎えられるとは、夢にも思っていなかった。

何はともあれ選手の獲得が先決と、監督の座を空席にしたまま、東奔西走していた村上のもとに、三宅から電話がかかってきた。「最近ちょっと考えるところがあって、巨人軍を辞めたから、阪急の監督を引き受けてもいい」というのである。どのような経緯《いきさつ》があって、はやばやと巨人軍の監督の座を降りたのか、との懸念が頭の隅を掠めなくもなかったが、村上にとっては願ってもない話であった。一応、大阪毎日新聞社奥村信太郎社長（昭和十一年就任）と、当時三田野球クラブの理事長を務めていた宮原清に相談のうえ、改めて三宅大輔に監督就任を依頼し、監督は決まった。

東京巨人軍、東京鉄道局にまさかの連敗

十月の半ばすぎたころ、東京巨人軍の国内転戦は後半に入っていた。十月十九日付読売新聞の記事をみてみよう（資料1―10）。見出しにみられる「全大宮」[66]（＝東京鉄道局）と東京巨人軍は、十月下旬から十一月中旬にかけて、四回対戦することになることをまえもって触れておきたい。

記事（資料1―10）内容の一部を記す。

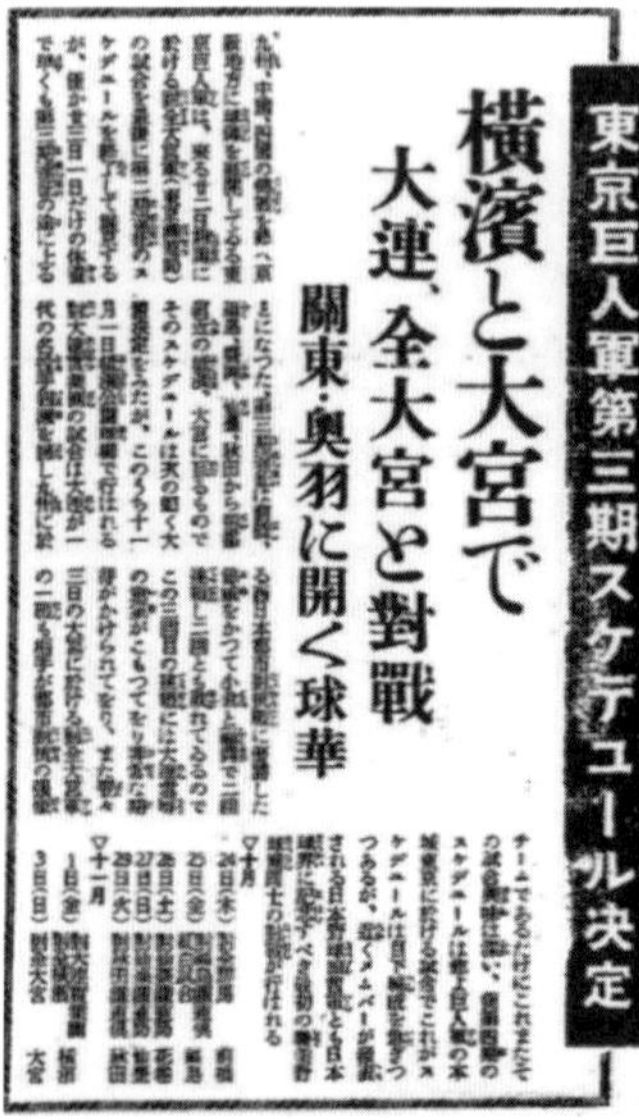
東京巨人軍第三期スケヂユール決定
橫濱と大宮で
大連、全大宮と對戰
關東・奥羽に開く球華

［資料 1-10］ 昭和 10 年 10 月 19 日
読売新聞

九州、中国、四国の転戦を終え京阪地方に球陣を展開している東京巨人軍は、来る二十二日静岡に於ける対全大宮軍（東京鉄道局）の試合を最後に第二期遠征のスケジュールを終了して帰京するが、僅か二十三日一日だけの休養で早くも第三期遠征の途に上ることになった、第三期遠征は前橋、福島、盛岡、仙台、秋田から帝都真近の横浜、大宮に亙る

ものでそのスケジュールは次の如く大体決定をみたが、このうち十一月一日横浜公園球場で行われる対大連実業団の試合は大連が一代の名投手岩瀬を擁し九州に於る西日本都市対抗戦に優勝した余威をかって小倉と福岡で二回挑戦し二回とも敗れているのでこの三回目の挑戦には大連雪辱の意気がこもっており非常な期待がかけられており、また翌々三日の大宮に於ける対全大宮軍の一戦も相手が都市対抗の強豪チームであるだけにこれまたその試合興味は深い、尚第四期のスケジュールは愈よ巨人軍の本域東京に於ける試合でこれがスケジュールは目下編成を急ぎつつあるが、近くメンバーが発表される日本野球協会軍とも日本球界に記念すべき最初の職業野球団同士の対戦が行われる。(67)

1A—0
東鐵（大宮）を完封
三塁を踏む者なし
巨人軍第二期戰終る

［資料 1-11］昭和 10 年 10 月 23 日 読売新聞

さて、東京巨人軍と全大宮（＝東京鉄道局）との最初の試合は、十月二十二日、静岡球場(68)にて行われた（一対〇で巨人軍の勝ち）。全大宮は惜しくも完封負けを喫したが、アマチュアの全大宮が、プロ相手に勝てるかもしれないという自信をひそかに与えた。その試合の様子を新聞記事で追ってみよう（資料1―11）。

記事（資料1―11）内容の一部を記す。

【静岡にて特派員宇野庄治電話】

東京巨人軍第二次スケジュールの掉尾を飾る対東京鉄道局（大宮）の試合は二十二日静岡球場で挙行、北海道遠征において全勝の記録を挙げ巨人軍撃破の準備おさおさ怠りのない東鉄は若林第二世[69]の評ある前川投手[70]を立て、万全を期しこれに対して巨人軍は最近脚の負傷の癒えた遊撃苅田が発熱[71]し二出川主将[72]は岐阜商業のコーチに赴いたためライン・アップに異動を見せマウンドにスタルヒンを送った

試合は星子静岡県学務部長の始球式によって火蓋は切られ、巨人軍は再三好機を逸し延長十回戦、一A対零で勝利を得た

静岡での試合で巨人軍の沢村栄治投手と投げ合った、全大宮のエース前川投手の当時の述懐を高橋安幸氏によるインタビューからみてみよう[73]。

……当時の前川さんは入団前で遠征［米国遠征］には同行していないのだが、35年の東京鉄

道時代、第一次アメリカ遠征から帰国したあとの巨人と対戦している。

「前川さんは東京鉄道局のとき、沢村さんと投げ合っておられますよね」

ひろ志さん［前川氏長男］が左の耳元に顔を近づけた。

「東鉄のときに巨人と試合をして、沢村さんと投げ合ったんでしょ？」

「あぁ、それはあの、最初にアメリカに行って帰ってきたあと、静岡でやったんですね。そのときはまだ、僕ら、もうひとつね、ピンと来なかったんですよ。ただ普通の、いわゆる対外試合ぐらいに考えて。ところが案外、いい試合をして、うまく行くと勝てておったと。そういうところから、みんなが『なんだい、巨人って大したことない』と」

微かに頬の筋肉が緩んでいる。視線はしっかりとこちらに向けられていた。

東京巨人軍の国内遠征の第四期（最終）は、十一月一日から神奈川、埼玉、千葉と転戦し、帝都にもどって締めくくられることになっていた（十一月十八日まで）。十一月三日、大宮球場(74)にて、ふたたび全大宮軍は東京巨人軍と対戦することになった。こんどは勝てるかもしれない、という自信が全大宮の選手ひとり一人にあった。また、藤本定義監督(75)が、選手にたいして勝利への欲求を喚起するためハッパをかけた(76)。

（前川八郎氏談）

4−1
全大宮軍の猛攻に
巨人軍苦杯を喫す
澤村不調・打擊も振はず

巨人軍	000 001 000
全大宮	000 030 100
	4−1

［資料1-12］昭和10年11月4日 読売新聞

「あのときのひとつの話題は、服装だったんです。ユニフォームの上に羽織るジャンパー。僕らは、毛糸で編んだジャケットでした。ところが、巨人軍は革のジャンパーでえ、見ただけでもすごいなと。それでみんなが『いいなぁ』と、言っとったのを藤本さん［藤本定義東鉄軍監督］が聞いて、その日のミーティングで『おまえらはもうちょっと頑張れば勝てるんだ。今度、勝ったら巨人軍に負けないジャンパーをつくってやるから』と。そう言われたんで、『それじゃあ、やろう』と。練習に身を入れたんです。ジャンパーほしさ、ですな」

十一月三日の大宮球場における、問題の試合（東京巨人軍対全大宮）の結果を示す新聞記事を資料1−12に示す。「ジャンパー」が大いなる勝利への動機づけになったのだろうか、アマチュアの全大宮はプロの巨人軍を撃破したのである。

記事（資料1−12）内容の一部を記す

【大宮電話】大連、全横浜、全鎌倉を連破した東京巨人軍は三日大宮球場に於て全大宮軍と対戦、快晴、しかも明治節の日曜日に恵まれて大宮球場は立錐の余地なき盛況を呈した、巨人軍はさきに一A対零の接戦で大宮軍に勝っているだけに、澤村を陣頭に立て、慎重な作戦を講じたが、この日澤村意外の不調に加えて全軍の打力振わず新富がホームランに気を吐いたのみ、これに対して復讐の念に燃ゆる大宮軍は機を掴んでよく巨人軍を攻め四点をあげ、四対一でさしもの大豪巨人軍も一敗した

待望の巨人軍野球戦
あす帝都に火蓋切る
事實上全日本の王座爭ふ決戰
相搏つ凄烈の氣魄
對大宮戰豫想

[資料1-13]昭和10年11月8日 読売新聞

アマチュア相手に敗北を喫してしまった東京巨人軍は、このまま引き下がるわけにはいかない。十一月九日、巨人軍は、舞台を戸塚球場[77]に指定して、大いに闘志を燃やしていた。読売新聞はその対戦に対する野球ファンの興味を大いに喚起した。「事実上全日本の王座争う決戦」という見出しが躍っていた（資料1―13）。

東都における東京巨人軍最初の試合たる大宮東鉄軍との一戦は愈よ明九日戸塚球場において待ち焦がれた東都ファンの前に展開される、両軍一対一のタイ勝負は弥《いや》が上にも興味をそそり、両軍の技を土台としての争いはリーグ戦では見られない真剣さと高等技術とを発揮して野球の持つ醍醐味をファンに満喫させずにはおかないであろう

さきに「巨人軍を破るもの我等以外になし」と広言し、而も大宮において堂々と本懐を遂げた東鉄軍は更に大宮の余勢を駆り再度巨人軍に苦汁を呑ませんず勢いで戦備をさを怠りなく、若しこの一戦にして巨人軍を降せば事実上全日本の王座に君臨する……〈後略〉

闘志を燃やしているのは巨人軍だけではなかった。全大宮は、それ以上の勝利への執念を持ち合わせていた。またしても藤本定義監督のマジックだ。当時の様子を藤本は、つぎのように述懐している。[78]

私の率いる東鉄が、巨人軍との初の手合わせをやったのは、昭和十年十月二十二日であった。場所は静岡球場で、前川、スタルヒンが、延長十回の投手戦をやった末、東鉄は1—0で敗れた。

大宮へ帰った私は、すぐ復しゅう戦を申し込んだ。大宮球場でやりたい、と申し込むと、巨

人軍は最初〝大宮では入場者が少ない。もっと大きな球場でやろう〟と大言を吐いていたが、当日になってみると大入り満員であった。こんどは前川が巨人軍のエース沢村に投げ勝って4―1で勝った。入場料は六千円くらいあった。切半〔原文ママ〕という約束だったので、三千円という大金が手にはいった。現在の金になおすと二百万円内外ということになろう。

東鉄はこの金で運動具店その他の借金をきれいに払った上に、選手一同に一着五十円という飛切り上等のジャンパーを作ってやった。

これで溜飲を下げていると、こんどは巨人軍から速達で挑戦状を送ってきた。一勝一敗ではおもしろくないから、東京でケリをつけよう、というのである。決戦場として、早稲田の戸塚球場を指定してきた。

二回の対戦で巨人軍の手のうちはほぼわかっていたから、〝いうにゃ及ぶ〟と挑戦に応じた。プロを名乗る巨人と、ノンプロの強豪東鉄大宮の決戦という看板が人気を呼んで、戸塚球場の場外には、延々と人波がつづいた。内野のスタンドだけではいりきらず、外野に縄を張って、そこにもファンを収容した。

試合開始に先立って、形のごとくミーティングをやろうと選手に集合を命じた。すると、キャプテンの島津が突如、

「監督さん、この前はジャンパーを作ってくれましたが、こんどは何を作ってくれますか」

といった。

[資料1-14]昭和10年11月10日　読売新聞

「おう、こんどは中折れだ。きょう勝ったらハクライの上等の帽子を買ってやるぞ」

思わず私がそういうと、

「おい、みんなやろうぜ。頑張ろう」

島津がいい、それに合わせて、

「やろう、やろう」

選手は口々にそういいながら円陣を解いた。それで作戦会議は終わりであった。

全大宮チームは、こんどは「中折れ帽子の魔法」が効いたのか、ふたたび打棒が爆発し、またしても東京巨人軍を奈落の底に落した。帝都の球場で衆目の関心を集めるなか、巨人軍のプロ球団としての面子は丸潰れであった。試合模様を資料１－14に示す記事（資料1―14）内容の一部を記す。

帝都野球界に一新紀元を画する東京巨人軍対東鉄大宮軍の決戦は九日早大戸塚球場において挙行、珍しい暖気と巨人軍に初めて接する帝都のファンは多大の興味をそそられ戸塚をさして陸続と詰めかけ正午の開門を待ち切れず十一時半無理矢理にドッとばかり雪崩こみ両翼スタンドはもちろん外野に特設した急造座席をも埋め尽して戸塚球場空前ともいうべき人出の洪水を見せた、晴れの一戦を迎えた巨人軍は意外にも頭脳的投手青柴をプレートに送り堀尾を中堅に配し東鉄軍は緩球に無類の巧味を持つ前川投手をして三度マウンドを固めしめ巨人軍の猛打を喰い止めんとする、かくして一勝一敗の跡をうけたこの大試合は青柴、前川両投手の頭と技の投手戦から火蓋は切られ東鉄軍の猛打は四、五両回に九点の大量得点をなして大勢を決し巨人軍の追撃よく四点を返したが結局九対四で東鉄軍の勝利に帰した

全大宮を率いていた藤本定義監督は、巨人軍に勝利したその試合の様子と、その後大きく転換することになるみずからの運命について語っている(79)。

私はまた前川を起用した。巨人の先発は青柴憲一という、立命館出のピッチャーだった。この青柴は投げ過ぎたために、右腕が曲がったままで真直ぐに伸びがなかったが、曲がったま

まの右腕を弓なりにして速球を投げる。その球にはなかなか威力のあるピッチャーだった。

東鉄はこの青柴を打ち込んで四回に一挙に5点をあげ、五回には代った沢村から4点を奪って、けっきょく9―1［実際は9―4］で大勝した。安打東鉄16、巨人4、ワンサイドゲームであった。

「プロの看板をはずせ」

野次られている弱チーム、その巨人の監督になろうなどとは、そのときは思ってもみないことであった。

東鉄に敗れたことは、まさに巨人のピンチであった。このピンチを救うべく、私に白羽の矢が立てられたのは、あるいは必然の成りゆきであったのかもしれぬ。

〈後略〉

日本で職業野球を興すことに尽力し、大日本東京野球倶楽部の名誉ある初代監督を務めていた三宅大輔は、この全大宮戦の敗北の責めを負い監督の座を追われることになった。

巨人軍はアメリカ遠征から帰国後、国内各地を転戦し、社会人チームと対戦したこのゲームで、三六勝三敗一分けという好成績を残したが、三宅［三宅大輔監督］はこのわずか三敗のため、巨人軍から突如、馘首をいい渡されることになった。三敗のうち二敗は、東京鉄道局・全大宮相手の二連敗だった。

藤本定義監督ひきいる東鉄チームに連敗したあと、三宅の姿はベンチから消えた。後任の監督に就任したのは浅沼誉夫[80]だった[81]。

名古屋で新職業野球団の胎動・河野安通志の夢

さて、名古屋での職業野球団の設立のうごきについてみてみよう。監督に河野安通志《あつし》の名が挙がっている。河野氏については、日本の職業野球についての理想を高く掲げている点で特筆すべき野球人である。ここでは、名古屋での新球団結成にかんする記事を紹介しておきたい（資料1―15）。

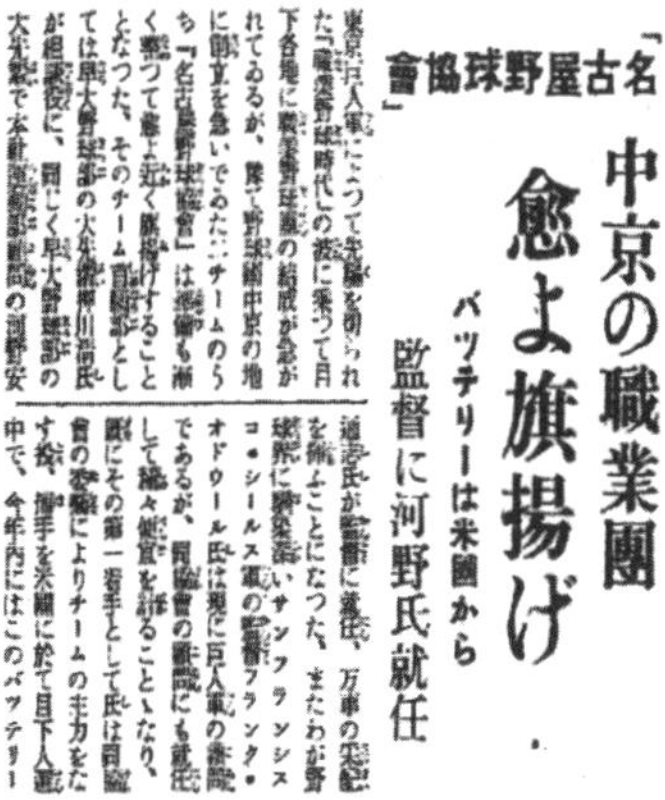
「名古屋野球協會」
中京の職業團
愈よ旗揚げ
バツテリーは米國から
監督に河野氏就任

［資料 1-15］昭和 10 年 11 月 17 日 読売新聞

東京巨人軍によって先駆を切られた「職業野球時代」の波に乗って目下各地に職業野球団の結成が急がれているが、予て野球国中京の地に創立を急いでいた二チームのうち「名古屋野球協会」は準備も漸く整って愈よ近く旗揚げすることとなった、そのチーム首脳部としては早大野球部の大先輩押川清氏が相談役に、同じく早大野球部の大先輩で本社運動部顧問の河野安通志氏が監督に就任、万事の采配を揮うことになった、またわが野球界に馴染深いサンフランシスコ・シールズ軍の監督フランク・オドゥール氏(82)は現に巨人軍の顧問であるが、同監督の顧問にも就任して種々便宜を計ること丶なり、既にその第一着手として氏は同協会の委嘱によりチームの主力をなす投、捕手を米国に於て目下人選中で、今年内にはこのバッテリーを引連れて来朝する手筈になっている、この米国生れのバッテリーは同協会チームの異彩として大いに人気を呼ぶであろう。

読売側からみれば、東京巨人軍こそは、日本での最初の職業野球団を体現するものという自負がある――リーグ戦を行うことができる環境をととのえる仕事をしたという点で。他方、歴史的にみれば、学生野球でも実業団でも倶楽部チームでもない、野球を純粋に生業《なりわい》とする組織体を構築したのは、河野安通志らを中心とする「日本運動協会」であるという史実は見落とされてはならない。同協会の野球界における位置づけにかんしては、経営上うまくゆかず短命に終わってしまったという、ある種の反面教師的なとらえかたをされることが散見される。しかし、先人が掲げた、日本の野球のあるべき精神を再考することも重要であろう。

日本の黎明期の野球界は、一高（現東京大学）や早慶などの学生野球が中心であり――中等学校の野球も含む（戦後の高校野球）――、とくに有力な選手は、スターのような処遇をうけ、学生の本分である学業をおろそかにするなどの状況にたいして、問題視されることがしばしばあった。学生野球の父といわれる早稲田大学野球部創始者の安部磯雄(83)は、野球界の健全な発展を願う者のひとりであった。安部の薫陶をうけた河野安通志は、早大野球部同期の仲間などとともに「日本運動協会」を組織し、そのなかで日本の野球のあるべき姿を追い求めようとした。東京巨人軍が誕生する以前の野球界にかんする著述のなかに河野らの活動についての記述がみられる(84)。

……後年のように大学の宣伝のために大きな材料となるところまでは至っていなかったが、中等野球のスターは六大学をはじめとする大学の野球部で引っ張り凧の有様で、授業料、合宿費はもとより、六大学のスターは正にプロ同様の待遇、心情となり切っており、学業は何処吹く風、その引き抜き合戦は熾烈を極めていた。

〈中略〉

そういう風潮を一番気にしていたのが、クリスチャンで清潔をもって鳴る早大の野球部長安部磯雄さんであった。これに共鳴したのが早大野球部草創期の名投手河野安通志だった。

安部は純真なゼントルマンで、明治三十四年に早大野球部をつくり、翌三十五年には戸塚球場（後に安部球場）を大学に作らせた熱心さが実って、三十七年には王者一高を破って、野球部の基礎を築いた名教授であった。この時の投手が河野、二塁が押川清(85)、三塁泉谷祐勝(86)、遊撃が橋戸信であり、これらの面々が後年、日本運動協会の設立に加わるのである。

〈中略〉

安部の野球界、特に学生野球浄化に対する熱望に対して、河野は、「もうこうなってはプロ野球団をつくり、学生野球はプロとはっきり線をひく以外にはないでしょう」

と、プロ野球団の結成を言い出した。安部はアマチュアリズムの信奉者ではあったが、「六大学野球の浄化がない以上、そのためにプロ野球団をつくるというのなら私は賛成です」と、快く同調してくれた。

そこで大正九年創立されたのが日本運動協会で、資本金は十万円、社長は橋戸信、専務に河野と押川清、そして出資者は桜井弥一郎(87)（慶大）、神吉英三(88)（慶大）、中野武二(89)（東大）らの野球選手のほか日本石油社長の大村市蔵、そして阪神電鉄の野口社長も加わってくれた。

〈後略〉

さて、阪急電鉄の小林一三(90)は、職業野球団を興すことをかねてから計画していたことは、先述のとおりである。早大の河野らの仲間と小林は、東京巨人軍が誕生するよりも十八年もまえにめぐり会っている。そこで小林は、河野に職業野球について意見をもとめている。両者のやりとりについてみてみよう。(91)

大正五年（一九一六）一月のことであった。箕面有馬電気軌道（現 阪急電鉄）が経営する豊中運動場で、早稲田大学野球部が冬季練習を行っていた。その時、河野安通志、市岡忠男、浅沼誉夫ら同野球部の指導者たちは招かれて、箕面有馬電気軌道の創業者、小林一三の元を訪ねた。

このとき、小林は、

「日本でも野球の人気が随分高まって来たようなので職業野球を興してみてはと思うのだが、どうだろう」

と、三人の意見を求め、

「まず、大学卒業者を採用して、二年間だけやらしてみる。もし駄目なら直ちに撤収する。若い青年なら出直しがきくだろう」

と語った。後年、プロ野球の関係者が集まった会合（昭和十三年三月、日比谷陶々亭）で、河野安通志が語った話である。

これと同様の話を、大阪毎日新聞社の記者であった村島帰之が、『人物評伝　小林一三』（昭和十二年　国民社刊）のなかに書いている。それによると小林は、河野がアメリカ大リーグの事情に詳しいことを承知していたのか、

「アメリカでは職業野球が盛んなようだが、日本でもこれを興してみてはとおもうのだが……」

と河野に尋ねた。それに対し河野は、「時期尚早」と答えた。のちに河野が村島に語った話であるが、以上の二つのエピソードをとおして、この頃すでに小林は、「プロ野球」に多大の関心を寄せていたことが推察されるのである。

河野安通志らの夢は、大正五年（一九一六）の小林との邂逅の四年後の大正九年（一九二〇）、「日本運動協会」を結成し、職業野球団を運営することになった。また、小林一三の夢は、日本運動協会から遅れること十五年後、昭和十年（一九三五）の暮れから翌春にかけて、阪急電鉄が主体となった新職業野球団を設立することにより実現した。小林一三の、日本における職業野球の到来への確信にかんする記述をみてみよう(92)。

小林は、将来必ずプロ野球の時代は訪れると確信していた。その時に備えて大阪の電鉄会社はそれぞれ専属球場を郊外につくり、先ず手はじめに電鉄会社の対抗戦を行うようにしようと考えていた。いきなり、入場料だけを目当てにしても経営の目途は立たない。しかし観衆は郊外の球場に電車を使ってやって来る。入場料収入で賄えなくとも電鉄収入では賄える。球場は沿線の郊外地であるから安い。地価も上がる。沿線の発展はそのまま電鉄の収入に繋がるという考え方であった。関東に比較して野球熱は関西の方が高かった。六大学に対抗する大学野球も盛んであったし、クラブ戦にしても東京で三田―稲門戦(93)は確かに人気があったが、それは何時の日か再現する早慶戦復活までのつなぎである。両クラブとも日頃は顔合わせはないのである。

それに反して関西では随時ダイヤモンド倶楽部対スター倶楽部の大学出のスターのゲームもあれば、三高も、京大も京都で頑張っていた。その上、プロ以上の実力、人気で噂された大毎軍も健在で、そのプロ化は必至とみられていた。中等野球（今の高校野球）も盛んであった。小林の考え方はいずれの電鉄会社にも受け入れられるものであった。

〈後略〉

東京、大阪、名古屋において職業野球団が勃興して、十年の時が過ぎた昭和二十一年の初春、河野安通志はこの世を去った。沢村やスタルヒンらを鍛えなおし、東京巨人軍を再生させた藤本定義は後年、河野安通志をめぐってつぎのように述懐している。(94)

この年［昭和二十一年］、一月十二日には、早稲田の大先輩であり、日本にプロフェショナルを作った草分けの、河野安通志氏が亡くなられた。

河野さんは、早稲田に野球部が創立されて間もない三十八年代の選手で、三十八年に、早稲田が故安部磯雄先生に引率されて、第一回の渡米をしたとき、遠征に加わり、アメリカから、その後長く日本の野球界を支配したピッチャーのワインド・アップ投法や、バント作戦を輸入した人として知られているが、あまり年代がかけはなれているために、私がプロにはいるまでは、とくに個人的な面識というものはなかった。ただ大先輩としてひそかに尊敬の念を抱いていたのみであった。

ところが、この河野さんに、私はたいへん悪いことをした。というのは、十一年にプロ野球が誕生して、続々とチームが生まれたとき、名古屋軍の結成に参画した河野さんから、私は監督になってくれ、という交渉を受けた。

大先輩の申し出ではあるが、私は当時プロの監督をやろうという気持ちはなかったので、生返事をしておいた。先輩から望まれたことではあり、はっきり断わるのも悪いような気がして、どうしたものかと悶々としていた。

悶々としているあいだに、巨人の市岡さんからも、監督になってくれ、といってきた。市岡さんも先輩ではあるが、河野さんは早稲田野球部としては、元老的な存在である。大いに迷い、困惑した私は、一時のいいのがれに「義兄が反対しているから、プロ野球にはいることはできない」と河野さんに申し出た。

〈中略〉

ところが、私から「反対している」といっておいた義兄は、案に相違して賛成の意見だった。これには私も大いに弱ったが、確答はせず、相変らず生返事をして一日延ばしに延ばしていた。

こうして悩んでいたある日、偶然、新橋駅で池田豊氏[95]に会った。池田氏は、私の顔を見ると

帽子をとって、

「こんど名古屋の監督をやることになった。ひとつよろしく頼むよ」

といった。その言葉を聞いて、私は〝やれやれ〟とほっとした。ようやく、大先輩に義理を立てねばと悩んでいたその悩みから、解放されたのであった。

初代ミスター・タイガース藤村富美男、波瀾の新職業団入り

新職業野球団の編成に当たり、急がねばならない仕事は人事、とくに有望な選手の獲得であった。新球団を立ち上げるためには、会社の懐具合にもよるが、看板となるような選手がぜひとも必要であった。そこで、新職業団の編成責任者は中等学校の選手――甲子園における中等学校野球選手権で活躍した有力な選手――や、東京の六大学や関西などの球界でみられる才能豊かな人材、さらには実業団や倶楽部チームなどに所属する社会人選手などにねらいをさだめることになる。そこで問題となるのは、所属チームの中心選手の引き抜きによって生じる両者の軋轢、あるいは、進学予定先（早慶などの六大学）が内々に決まっている中学生の進路変更にともなう関係者どうしのせめぎあいが、現実化してくることである。それは、選手の両親や兄弟を巻き込む騒動に発展したり、職業野球と一線を画すアマチュア球界からの強い反発をまねくことを意味していた。職業野球草創期における問題のひとつの事例が、のちに（初代）ミスター・タイガースと呼ばれる藤村富美男選手(96)

呉港の藤村投手
職業團入りの波瀾
〃後援會〃から横槍

【呉電話】職業野球熱の擡頭と共に球界の花形選手の行方は各方面から注視されてゐるが呉港中學の剛球投手藤村富美男選手（二〇）の職業團入りについて新しい問題を投げるに至つた

同選手は豫てから同校柳原野球部長及び後援會等の計らひで法政大學入りを豫定されてゐたが本月中旬阪神電鐵の職業團に加入方の勧誘を受けたゝめ實父鐵次郎氏がこれを承認、正式契約をしたところ後援會關係者が法政との關係を顧慮して抗議したためである、大學入學の可能は入學試驗がそれはそれを受けて初めて確定するものであり卒業前の今日その大學入りを豫約し得る筈はないが、選手、殊に野球に於てはこの「秘密の豫約」を當然事とする傾きがあり今後も同樣の問題を惹起する惧れが各方面に認められる

なほ廣島商業、廣陵中學及び呉港中學等の代表者は廿七日呉市に會

[資料1-16]昭和10年11月27日 読売新聞

の獲得をめぐる攻防であった。藤村の職業団入りの新聞発表の記事（昭和十年十一月二十七日付読売新聞資料1―16）をみてみる。

【呉電話】職業野球熱の抬頭と共に球界の花形選手の行方は各方面から注視されているが呉港中学の剛球投手藤村富美男選手（二〇）の職業団入りについて新しい問題を投げるに至った

同選手は予てから同校柳原野球部長及び後援会等の計らいで法政大学入りを予定されていたが本月中旬阪神電鉄の職業団に加入方の勧誘を受けた、め実父鉄次郎氏がこれを承認、正式契約をしたところ後援会関係者が法政との関係を顧慮して抗議したためである、大学入学の可能は入学試験がそれはそれを受けて初めて確定するものであり卒業前の今日その大学入りを予約し得る筈はないが、選手、殊に野球に於てはこの「秘密の予約」を当然事とする傾きがあり今後も同様の問題を惹起する惧れが各方面に認められる

なお広島商業、広陵中学及び呉港中学等の代表者は二十七日呉市に会同し今後同様の問題の惹起せぬよう申合せること、なった、柳原部長は語る

「二十五日最後の職員会議の結果藤村君の父が契約されたのなら致し方ないものとして法政大学へはこの旨伝えてお断りしました」［写真は藤村］

有名な学生に照準を当てて、職業団が強引に引き抜くという構図が、のちに、学生野球と職業野球の二つの球界とのあいだに大きな亀裂をつくり、職業野球黎明期において職業野球は大いなる逆風にさらされることになる。藤村選手の新職業野球団入りをめぐる関係者のやりとりについて当時の事情を再現してみたい(97)。

タイガースといえば藤村といわれたほどで、創立以来彼ほど人気のあった選手はいない。また中学時（現高校）代から呉港の藤村投手として全国的に有名だった。

藤村は男子四人兄弟の三男として呉市に生まれ、昭和六年（一九三一年）、大正中学に進んだ。二年生から正投手となり、四年連続夏の甲子園大会に出場した。大正中学が呉港中学と改名した昭和九年（一九三四年）は、藤村の好投で優勝したのである。優勝戦では熊本工業に2対0で勝ったが、2安打で完封し、三振14個をとる快投をみせた。このとき熊本工業の九番、右翼手として川上哲治（現巨人軍監督）が二年生で出場している。

〈中略〉

投手としてばかりか、打者としてもすぐれていたので、各方面から注目された。現在であればドラフト一位で争われるほどの人気があった。

呉港中学の武田校長と柳原部長は、法大藤田監督の依頼で法政入りを約束していた。鶴岡（元南海）が昭和九年（一九三四年）法大に入り、すぐ三番打者として活躍していたので、これにつづく選手として期待をかけていたのである。

しかし甲子園の人気選手だけに、まず金鯱の山口代表が勧誘にのりだしたが、父と兄は法大入りを決意していたので、はっきり断わった。

次に藤村家を訪ねたのが、タイガースの中川支配人で富樫専務も同道していた。はじめは父兄とも反対したが、中川氏の数時間におよぶ熱心な説得に、やや気持ちがかたむいてきた。この機をのがすなとばかり、翌日契約金七百円（月給の一部前払）を持参して説得し、やっと父兄の了解をうけた。これは昭和十年（一九三五年）十一月十一日のことだった。

藤村自身は何も知らずにこの席にくると、中川氏は藤村の手にハンを持たせ、契約書におさせた。後日藤村はあのとき何が何だかわからずハンを押させられたが、中川さんにうまくだまされた、と法大進学ができなかったことを残念がっていた。中川氏と父兄の間には、すでに話し合いがついていたが、もし本人に反対されてはということからこの手段をとったのである。

藤村の長兄は当時呉海軍工廠に勤務していた。次兄は家にいた。この次兄をタイガースがマネージャーに迎えるという条件をだしたことが、プロ入りに賛成する大きな原因だったのである。次兄は初代のマネージャーとして三年勤めたが、藤村が十三年末兵役に服するや退団して呉にかえった。

しかし、学校当局はまさに寝耳に水だったので激怒し、「十一月二十日以降野球部へ出入りすることを禁ず」という制裁を加えた。現在であれば個人の自由を束縛するとして問題になるところだが、当時はこれが普通の考えであった。とくに六大学では野球部や倶楽部からプロに入ったということで除名されたものがたくさんいた。

この柳原野球部長の談話として十一月二十七日付の「時事新報」はつぎのことをのせている。

「学校としては藤村を優秀な大学へ入れて、選手としてのみならず、学校の方の成績も考慮し、将来を過らしめないという念願から、法政大学と相当深い縁故もあるので、交渉していた際であるのに、突然阪神野球団と家庭との間に契約を交され、学校を無視された形でまことに遺憾である。藤村君の家庭にこの際自重を望む次第である」

この談話をみても、当時はプロ野球に入ることが将来を過るように誤解され、いろいろな圧迫をうけた事情がある。……〈後略〉

東京巨人軍につづく二番目の職業野球団、大阪で生れる

藤村富美男選手の職業団入りが明るみになった二週間後、大阪での新職業野球団（現阪神タイガース）の結成が発表された。また、この「大阪野球クラブ」（大阪野球倶楽部）との最初の契約

『大阪野球クラブ』生る

阪神系職業團　きのふ創立總會

［資料 1-17］昭和 10 年 12 月 11 日
読売新聞

選手は、門前真佐人選手（広陵中）であり（昭和十年十月二十二日契約）、藤村はタイガース史上二番目の契約選手であった（十一月十一日契約）。

ともあれ、東京巨人軍に次いで二つ目の職業野球団が大阪で産声をあげることになった。かつて、河野安通志ら先人たちが、日本運動協会を立ち上げて、職業野球構想を描いてみたものの、たび重なるやむなき事情によって長くつづかなかった。天勝野球団という職業団が存在していたが、基本的に単一の職業団のみでの孤軍奮闘、結果、経営が行き詰まってしまった。対戦できるプロのチームが出来たことは、巨人軍にとっても、また日本のプロ野球発展のためにも喜ばしいことであった。大阪の新職業野球団の創立が発表された記事（昭和十年十二月十一日付読売新聞　資料1—17）をみてみる。

【大阪電話】職業野球熱勃興の波に乗って大阪でも阪神、阪急両電鉄で職業野球団の創立を計画中であったが、阪神電鉄系の株式会社「大阪野球倶楽部」（中之島二丁目江商ビル四階）が

一足先に誕生、十日阪神本社に創立総会を開いた
この職業野球団は資本金二十万円で取締役会長に松方正雄、専務取締役に慶應の大先輩で現甲子園球場主任の富樫興一、常務に関大先輩田中義一、取締役に阪神電鉄事業課長吉江昌世、支配人に関大先輩の中川政人、監査役に阪神専務石井五郎、大林組社長大林義雄の諸氏就任と決定、監督は往年早大の三塁手として謳われた森茂雄君が就任し選手は目下選考中であるが大体大学級数名、中等学校級で呉港の藤村君等数名、及び学生以外の人格、技術優秀なものを全国的に集め明年四月その陣容を発表すると共に東京巨人軍はじめ他の新生職業野球団と試合する筈で練習には主として甲子園球場を使用することになっている(98)

名古屋野球協会の革新的な試み（入団テスト）

歴史的にわが国初の職業野球団、日本運動協会を結成して、夢半ばに終わってしまった河野安通志は、一見するともはや過去の人であるかのようだ。しかし、河野はあきらめてはいなかった。読売主導の職業野球界が興されようとしているなか、河野はふたたび、その理想を実現すべくうごき始めていた。その理想のひとつは、有力選手のスカウトのみに頼るのではなく、選手を公募して選考し、入団させた選手を育成することであった。十二月十五日付新愛知新聞の記事――見出し「球界の大御所が試験官で選考」「本社の職業野球団選手採用試験　きょう鳴海球場で挙行」を示す

スポーツ

球界の大御所が
試驗官で選考
本社の職業野球團選手採用試驗
けふ鳴海球場で擧行

全國野球界の注視を集めて十五日午前十時から名古屋市外鳴海球場で行はれるわが國野球界空前の本社の職業野球團選手入團試驗の委員、株式會社名古屋野球協會相談役押川清氏、總監督河野安通志氏

試驗方法、採點方針等について詳細の打合せを行つたが 試驗方法は先づ受驗選手を五組に分けてキャッチボールを行しめ續いて各ポジションにつけ、守備の練習を約二十五分行ひ、晝食後投

の名に恥ぬ實力陣に編入され明春職業野球界に花々しくデビューすることゝなるのである なほ受驗選手は午前十時迄に鳴海球場に到り臨時事務所受付に届出で自己のユニフホームに着

［資料 1-18］昭和 10 年 12 月 15 日 新愛知新聞（鶴舞中央図書館所蔵）

（傍点は中西、資料1―18）。それにしても、名古屋軍の球団幹部は錚々《そうそう》たるメンバーである――押川清、河野安通志、太田四州[99]等々。

記事（資料1―18）内容の一部を示す。

全国野球界の注視を集めて十五日午前十時から名古屋市外鳴海球場で行われるわが国野球界空前の本社の職業野球団選手入団試験の委員、株式会社名古屋野球協会相談役、押川清氏、総監督河野安通志氏、顧問太田四州氏、松本終吉氏、監督池田豊氏、委員小玉氏等のわが国球界の権威者は十四日午後二時十七分名駅着特急燕で来名、直ぐに株式会社名古屋野球協会創立事務所たる本社二階事務室に到り、受験選手の履歴書を振り分け、

申込者を第一組1番から22番、第二組……〈中略〉

試験方法は先ず受験選手を五組に分けてキャッチボールを行いしめ続いて各ポジションにつけ、守備の練習を約二十五分行い、昼食後投捕手にはそれ〴〵ピッチングを行わしめ更に全員

の打力、走力を試験すること、なっている、この間各試験委員は各方面から選手を視察して採点し、この結果を持ち寄って試験委員会を開き、採否を決定すること、なっている……〈後略〉

新愛知新聞社が興す職業野球団――翌年一月に結成される名古屋軍――は、かの「日本運動協会」の設立時の中心メンバー、すなわち、押川清や河野安通志がかつて抱いていた理想の実現の場となったといえるだろう。

さて次章では、いよいよ各地で職業団の勃興をみることになる。年が明けてむかえる昭和十一年はまさにプロ野球リーグ元年である。

【注】

(1)敗れた試合は、対熊本鉄道戦（0―1、九月二十九日、熊本水前寺球場）、対東京鉄道局戦（1―4、十一月三日、大宮球場・4―9、十一月九日、早大戸塚球場）。なお、引分け試合は、対名古屋鉄道局戦（1―1、十月十九日、西京極球場）であった。

(2)正力松太郎（1885-1969）。四高を経て東京帝大へ。内務官僚、警視庁警務部長、実業家、政治家。昭和六年、九年に日米野球を開催したのち大日本東京野球倶楽部（東京巨人軍）を創設（野球殿堂入り［以後、殿堂入り］、一九五九年）。富山県出身。（野球殿堂入りの人物情報については、基本的に『野球殿堂 2018』に依拠。また、その他の人物については『20世紀日本人名事典』および『プロ野球人名事典』などに依った。）

(3)結果的には、この新球団は実現しなかったが、この流れが、のちの東京セネタース結成につながっていく。

(4)大正九年に設立、十一年初代本館が竣工。昭和十五年十二月、大政翼賛会の発足とともに接収、中央本部がおかれた。芥川賞・直木賞の関連行事は当会館で開催。

（5）鶴見祐輔《ゆうすけ》（1885-1973）。東京帝大卒。政治家。昭和十一年立憲民政党に入党。新渡戸稲造と後藤新平（岳父）の薫陶をうける。群馬県出身。

（6）駒井重次《じゅうじ》（1895-1973）。東京帝大卒。政治家。大蔵官僚を経て立憲民政党衆議院議員。第四高等学校時代は柔道部主将。旧制高校（四高柔道部）、東京帝大と正力の後輩。鶴見祐輔との共著『風雲の坩堝エチオピア』（昭和十年）がある。東京都出身（実際は東京市［昭和十八年までつづく］出身だが、便宜上「東京都」で表記を統一）。

（7）有馬頼寧《よりやす》（1884-1957）。東京帝大卒。政治家。農商務官僚を経て政界入り、昭和十二年第一次近衛内閣の農林大臣。東京セネタースを結成。戦後は日本中央競馬会理事長などを務める。競馬の「有馬記念」は彼の名にちなむ（殿堂入り、一九六九年）。東京都出身。

（8）芦田均《ひとし》（1887-1959）。東京帝大卒。政治家。外務官僚を経て衆議院議員。昭和二十三年、民主・社会・国民協同の三党連立内閣を樹立。京都府出身。

（9）日本野球協会の主要メンバーは、正力をはじめ東京帝大出身者で構成されていた。

（10）東京工業大学（昭和四年大学に昇格）。

（11）昭和十年九月四日付読売新聞、および『東京読売巨人軍５０年史』（一七〇―七一頁、一七五頁）を参照。

（12）旧谷津球場（現千葉県習志野市）。第二回日米野球での全日本チームの合宿地（東京巨人軍発祥の地）。

（13）実業団チーム川崎コロムビアを指す。若林忠志投手（のちに大阪タイガース設立とともにプロ入り）が主戦。

（14）対戦スコア「１２Ａ―０」のＡは、「アルファ」を意味し、現在での表記になおせば、「１２Ｘ―０」となる。

（15）青柴憲一（1912-1945）。立命館大中退。大学時代、日本最速の投手とうたわれていた（京都商業の沢村栄治が目標とした投手だった）。第二回日米野球（昭和九年）に全日本選抜チームの投手として登板。巨人軍在籍は十三年春季まで。終戦後ほどなくして戦地（平壌第一陸軍病院）で病死。京都府出身。

（16）ヴィトル・スタルヒン（1916-1957）。旭川中中退。第二回日米野球の第十七戦目戦に初登板（一回を無安打無失点）。戦前（東京巨人軍）・戦後と活躍しプロ野球初の三〇〇勝投手（殿堂入り、一九六〇年）。ロシア帝国生まれ、北海道育ち。

（17）沢村栄治（1917-1944）。京都商中退。第二回日米野球（昭和九年）でベーブ・ルースらの米大リーグ選抜を相手に全日本チーム代表として登板。静岡での快投は伝説となっている。大日本東京野球倶楽部（東京巨人軍）結成時に加わる。昭和十一年十二月の大阪タイガースとの、いわゆる〝洲崎決戦〟では２勝をあげ巨人軍を「日本一」にみちびいた。しばしば兵役にとられ肩を壊したが、その英姿は職業野球ファンの目に焼きついている。十九年十二月台湾沖で戦没。二十二年に「沢村賞」

が制定された（殿堂入り、一九五九年）。三重県出身。

（18）水原茂（1909-1982）。高松商時代に先輩宮武三郎らとともに夏の甲子園を制覇。水原・宮武はともに慶大へ（投手兼三塁手として大活躍、六大学のスター選手）。早大の三原修とは終生ライバル関係がつづく。二回にわたる大リーグ選抜来日時には全日本チームのメンバーに。昭和十一年秋に巨人軍に入団し、三塁手として活躍。十七年を最後に応召、シベリア抑留を経験。戦後、二十四年夏に帰国すると二十五年から巨人監督（在任十一年間で八度のリーグ優勝、四度の日本一）、さらに東映、中日と通算二十一年間指揮をとる（殿堂入り、一九七七年）。香川県出身。

（19）苅田久徳（1910-2001）。本牧中を経て、法大へ。遊撃手として活躍し、若林忠志とともに法大の黄金時代を築いた。昭和四年のハワイ遠征で守備打撃とも開眼。九年の大リーグ選抜との相手となった全日本に選ばれ、その後東京巨人軍に入団（契約は三原につづく二番目）。しかし、十一年東京セネタース結成時に移り、遊撃のポジションを法大の後輩・中村信一にゆずり、自らは二塁にまわった。ここでも名人芸を魅せた。近代野球の二塁守備は苅田にはじまるといわれる（殿堂入り、一九六九年）。神奈川県出身。

（20）『真説 日本野球史 昭和篇 その二』（一九六～九七頁）。

（21）この二つの球団とは、東京巨人軍と、鶴見祐輔らが主導する「日本野球協会」による新球団（実際は実現せず）を指すものと思われる。

（22）『阪神タイガース　歴史のあゆみ』（一頁）。

（23）松方正雄（1868-1942）。ペンシルバニア大学時代、野球とフットボールのレギュラー選手。大阪野球倶楽部（タイガース）結成にともない初代会長に就任したとき、すべての役職から退き、タイガースを巨人軍を越えるチームにすることに情熱を注いだ。日本職業野球連盟が創立したとき、安藤信昭とともに副総裁に就任。草創期のプロ野球発展に貢献（殿堂入り、一九八六年）。鹿児島県出身。

（24）富樫《とがし》興一（1890-1964）。米沢興譲館を経て慶大へ。卒業後関西のノンプロで活躍。阪神電鉄入社後、初代甲子園球場長。昭和十年大阪野球倶楽部専務取締役・球団代表に就任。球団創設時は関大ＯＢの田中義一ら実務担当と阪神電鉄役員とのあいだに入って社内のまとめ役に徹した。また球団と連盟（市岡忠男氏）との重要なパイプ役を担った。山形県出身。

（25）田中義一《よしかず》（1904-1961）。天王寺商業を経て関西大へ。清宝自動車を経て大阪野球倶楽部常務取締役に就任。球団二代目代表。関大後輩の中川政人をよきパートナーとし、新職業団大阪タイガースを強力なチーム編成に仕立てた。大阪府出身。

（26）おそらく、ライバル阪急電鉄に知られないようにするためであったと思われる。

（27）大阪野球倶楽部創立時、阪神電鉄取締役支配人。たいへんな野球好きで、職業野球団の設立に際し事業課係長の富樫興一を抜擢した。タイガース設立の阪神電鉄社内における事実上の決裁を担う立場であった。

（28）『輸送奉仕の五十年』（一二六頁）。

（29）昭和二十九年九月談話筆記による年数カウント。

（30）『阪神タイガース　歴史のあゆみ』（三頁）。

（31）芝浦＝「日本運動協会」（芝浦球場を本拠としていたので、通称「芝浦協会」）。宝塚＝「宝塚運動協会」（芝浦協会が関東大震災のあと、小林一三の支援をうけて再結成されたが昭和四年解散の憂目にあっている）。

（32）市岡忠男（1891-1964）。京都一商を経て早大へ（名捕手として鳴らし、大正六年主将）。大正十四年、飛田穂洲（注65参照）の後任として二代目早大野球部監督。昭和五年秋に退任、正力松太郎に請われて読売新聞社に入社、翌年の同社主催の米大リーグ選抜対日本の各チームの対戦に尽力、職業野球誕生の気運醸成に一役買った。もくろみ通り、九年の米大リーグ選抜チームの来日、それに対する全日本チームの結成で「大日本東京野球倶楽部」が誕生――のちの「東京巨人軍」。十一年二月、日本職業野球連盟が発足、その連盟創立委員長から東京巨人軍の代表となった（殿堂入り、一九六二年）。長野県出身。

（33）大日本東京野球倶楽部（市岡忠男は専務取締役で東京巨人軍の実務責任者）創立時、富樫は株主の一人とし加わっていた。

（34）田部武雄（1906-1945）。広陵中を経て明大へ（投げて打って走っての大活躍）。大日本東京野球倶楽部創立に参加、第一次米国遠征では一番打者として一〇九試合に一〇五盗塁してみせ、米国人をうならせた。帰国後の東京巨人軍国内巡業では、端整なマスクに、ショーマンシップ溢れたプレースタイルで人気を博した。その後球団の内紛が契機となり退団。プロ野球公式戦の記録はない。大連実業団でプレー、都市対抗に出場。昭和十九年、大連で現地召集され戦況悪化の激戦地、沖縄へ。二十年六月、地上戦で戦没（殿堂入り、一九六九年）。広島県出身。

（35）『東京読売巨人軍50年史』（一六九―七〇頁）。

（36）新富卯三郎《うさぶろう》（1915-1945）。小倉工業を経て門司鉄道局へ（四番打者を務める）。昭和九年大日本東京野球倶楽部創立時入団、第一次米国遠征に参加。十一年、第二次米国遠征後召集され退団。復員後阪急軍に加わるが十六年、ふたたび応召、終戦間際の二十年八月一日、ビルマ戦線で戦没。福岡県出身。

（37）大正九年（一九二〇）、河野安通志らによって設立。

（38）のちに、小林一三の支援により宝塚運動協会として復活したがやがて解散（昭和四年）の憂目をみた。

（39）『巨怪伝』（二七三―七四頁）。

(40)大正十年から十二年まで存在した職業野球団(日本で二番目のプロ野球チーム)。「天勝一座」の支配人である野呂辰之助(松旭斎天勝の夫)により野球団が結成される——コーチは小野三千麿(注50参照、殿堂入り、一九五九年)、天勝野球団は、「日本運動協会」とは対照的に多くの大学出身者の選手で構成、のちに中澤不二雄(殿堂入り、二〇〇二年)も加わる。大正十二年、一座の公演とともに満州、朝鮮に遠征(大連実業団、大連満州倶楽部などと対戦)。同年六月二十一日、京城にて、日本運動協会と対戦——日本プロ野球史上最初のプロ球団同士の試合。6—5で天勝野球団の勝利。帰国後、両チームは日本国内(芝浦球場、八月三十日)ではじめてプロ同士の対戦——日本運動協会が勝利。その二日後、関東大震災。震災を契機に両球団は解散へと追い込まれていく——日本運動協会は宝塚運動協会として復活。一方、天勝一座は再建され、翌十三年一月から米国巡業——野球の試合ではない——を行い、ハワイ、米国本土で約四ヶ月の間、在留邦人相手に公演を行った。野呂は「ヤンキー・スタジアム」に足を踏み入れ、絶頂期のベーブ・ルースのプレーを目の当たりにした。「ニューヨーク・ヤンキース」というチームこそ、野呂がつくりたかった「理想」の野球団を、まさに現実のかたちにしたものだと思った(『異端の球譜「プロ野球元年」の天勝野球団』二三四—四三頁)。

(41)小林一三《いちぞう》(1873-1957)。慶大卒業後すぐに実業界入り(三井銀行に勤務)。のちに阪急電鉄の前身となる箕面有馬電気軌道を興す。大正十二年、関東大震災で本拠地・芝浦運動場を失った「日本運動協会」を引き取り「宝塚運動協会」(天勝野球団に次いで日本の三番目の職業野球団)を結成。昭和十年九月、阪急電鉄会長として欧米視察中、関西の電鉄のライバル・阪神電鉄が球団設立にうごくという情報を得るや、ただちに阪急軍編成と新球場(阪急沿線・西宮)建設を電報にて指令。昭和十一年二月、日本職業野球連盟発足から五年間連盟の相談役を務めた(殿堂入り、一九六八年)。山梨県出身。

(42)『阪急ブレーブス五十年史』(三六頁)

(43)村上實《みのる》(1906-1999)。天王寺中(主将・二塁手)を経て慶大へ(シニア・マネージャー)。昭和七年阪急電鉄に入社。十一年、阪急軍創立と同時に球団に出向。監督の任免、選手のスカウトなどチーム編成の中心を担った。阪急軍の監督を二度務める。昭和三十年、パ・リーグ理事長に就任、2リーグ制の確立、フランチャイズ制の徹底、コミッショナー制の確立など尽力(殿堂入り、一九九五年)。大阪府出身。

(44)「職業野球団の創設」『改造』(昭和十年一月、一四〇—四一頁所収)。

(45)大阪毎日新聞社(現毎日新聞大阪本社)は、社会人野球チームの「大阪毎日野球団」(略称「大毎」)を、大正九年から昭和四年まで保有していた。

(46)阪急西宮球場として昭和十二年五月一日開設。平成十四年末に閉鎖、十七年解体。現在、跡地は商業施設「阪急西宮ガーデンズ」となっている。
(47) 昭和十二年四月、職業野球、二年目のシーズン開始直後に、阪急西宮球場が落成。
(48)『阪急ブレーブス五十年史』(三七―三八頁)。
(49) 腰本寿《ひさし》(1894-1935)。慶応普通部から慶大へ、三塁手として活躍。卒業後「大毎」球団の主将。昭和元年から九年まで慶大野球部監督、七回優勝、黄金時代を築いた(宮武三郎、水原茂、山下実らが揃っていた)。殿堂入り(一九六七年)。ハワイ出身。
(50) 小野三千麿《みちまろ》(1897-1956)。神奈川師範学校から慶大へ(剛球投手として鳴らす)。卒業後、慶大OBを中心としたクラブチームである「三田倶楽部」に所属。大正十一年(一九二二)十一月、三田倶楽部の投手として、米大リーグ選抜チームを相手に初の白星をあげた。天勝野球団のコーチを経てセミプロチーム「大毎野球団」に所属。大阪毎日新聞社に入社し、同社主催の都市対抗野球の育成・発展に多大な尽力。「小野賞」が設置(殿堂入り、一九五九年)。神奈川県出身。
(51) 宮武三郎(1907-1956)。高松商時代、剛球投手でありかつ強打者の二刀流。慶大時代は、同郷の後輩水原茂らとともに黄金時代を築く。阪急軍創立時主将を務める(殿堂入り、一九六五年)。香川県出身。
(52) 伊達正男(1911-1992)。市岡中時代は捕手兼投手で活躍。早大入学後、すぐに頭角をあらわし首位打者、のちに投手に専念。早慶戦では三日連続完投。日米野球での快投ぶりから大リーガーからも一目置かれる。卒業後は全大阪でプレー(殿堂入り、一九八九年)。大阪府出身。
(53) 山下実(1907-1995)。第一神港商時代、甲子園で三本の本塁打を記録。慶大では「和製ベーブ」のあだ名がついた。卒業後、大連満州倶楽部でプレー。二度の日米野球に出場。阪急軍創立時、宮武三郎とともに入団。十三年から十五年は監督兼任(殿堂入り、一九八七年)。兵庫県出身。
(54) 鶴岡一人(1916-2000)。広島商時代からその名を轟かせ、法大入学後即レギュラー三塁手。十四年南海入団と同時に主将。戦後、南海監督を二十二シーズンにわたって務め、史上最多勝監督(殿堂入り、一九六五年)。広島県出身。
(55) このあとにつづく話は第二章で詳述(資料2―12関連)。
(56) 岡田源三郎(1896-1977)。第一回全国中等野球大会に早実の捕手として出場。卒業後明大へ、全ポジションに就く器用さを発揮。大正十二年明大野球部監督に就任、早慶を苦しめた。名古屋金鯱軍結成時に監督に就任(殿堂入り、一九七八年)。東京都出身。
(57) 加藤吉兵衛。早大時代は遊撃手。大正五年、浅沼誉夫(注80参照)を主将とする、早大第三回米国遠征メンバー(河野安通志講師が率いる。捕手は市岡忠男）。戦後、「山陽クラウンズ」（昭和二十五年〜二十七年、プロ二軍リーグ戦のみ出場）の総監督を務めた。

（58）永井武雄（1904-1938）。第一神港商から慶大へ（投手兼三番打者、外野手）。早慶戦復活後初の勝利投手（完投）。卒業後は全大阪や東京倶楽部でプレー。十一年大東京軍結成時に監督就任。シーズンまえの対東京瓦斯（ノンプロ）戦に大敗、監督を解任。十三年応召、同年四月十九日中国にて戦没。慶大野球部ＯＢ最初の戦死者。兵庫県出身。

（59）同協会の球団は実現していない。

（60）『阪急ブレーブス五十年史』（四〇頁）。

（61）直木松太郎（1891-1947）。慶大在学中に野球規則を翻訳して出版。野球セオリーやルールの大家（殿堂入り、一九七〇年）。京都府出身。

（62）河野安通志《あつし》（1884-1946）。早大の初渡米遠征（明治三十八年）で二十六試合すべてを一人で投げ抜いて「鉄腕投手」の異名をとった。ワインドアップ投法を習得し日本球界に紹介。大正九年、押川清らと「日本運動協会」を結成。昭和十一年名古屋軍創設時に総監督として指導。翌年イーグルスの総監督（殿堂入り、一九六〇年）。石川県出身。

（63）三宅大輔（1893-1978）。慶大で名捕手として鳴らし、卒業後は三田倶楽部、東京倶楽部でプレー。大正十四年慶大監督。昭和二年、第一回都市対抗に東京倶楽部から出場（大会第一号本塁打）。九年の第二回日米野球の全日本の監督。十年、東京巨人軍初代監督として第一次米国遠征。帰国後の国内巡業中にかつての同志——日本に本格的な職業野球を興すことに尽力した、いわゆる「（先行）四人組」（市岡忠男・三宅大輔・鈴木惣太郎・浅沼誉夫）——のひとり、市岡忠男氏により解任（対東京鉄道局戦での連敗の責めを受け）。十一年の職業野球リーグ戦スタート時は阪急軍の監督として宮武三郎、山下実ら慶大の後輩たちの指揮をとる。終戦間際の十九年には産業軍（前身は名古屋軍）の監督を務めた。戦後は野球評論に力を入れ著書多数。歌舞伎の台本も手がけたことのある多能な人物。野球理論はアメリカナイズされたもので、「打球を遠くに飛ばせ。ゴロを打つな」が持論。これは慶大野球部の伝統となっている（殿堂入り、一九六九年）。東京都出身。

（64）橋戸信《しん》（1879-1936）。第一回早慶戦の早大野球部主将。「頑鉄」という筆名で野球批評。昭和二年都市対抗野球大会を創設（殿堂入り、一九五九年）。東京都出身。

（65）飛田穂洲《とびたすいしゅう》（本名：忠順《ちゅうじゅん》、1886-1965）。安部磯雄（注83参照）とともに学生野球の父と呼ばれる。水戸中から早大へ。早大監督時代、シカゴ大学打倒に燃え鍛錬し果たす。精神力を重視する野球理論は日本の学生野球の骨格となっている。殿堂入り、一九六〇年）茨城県出身。

（66）東京鉄道局野球部。当チームが大宮球場で試合を行うとき、「全大宮（軍）」と名乗っていた。
（67）先に触れたように、鶴見祐輔らによって興された「日本野球協会」は、野球団そのものを結成するにはいたらなかった。したがって、記事中の「日本球界に記念すべき最初の職業野球団同士の対戦」は実現していない。
（68）静岡電鉄により昭和五年七月開設（静岡にはそれ以前に、古庄グランド［古庄球場］が大正十一年から昭和二年まで存在）。翌六年と九年に日米野球で使用される。沢村栄治投手の伝説的な快投の舞台となった。静岡球場は、十四年静岡県に移管と同時に「草薙球場」と命名される（翌年の紀元二千六百年祝典に合わせて、日本武尊を祀る草薙神社を新設の県総合運動場の一角に分祀）。以上の言及は、森村謙司氏（静岡県野球連盟事務局長）の調べに依拠した。
（69）若林忠志投手（川崎コロムビア、のちに大阪タイガースへ入団）のこと。ハワイで育った日系二世（1908-1965）。法大に入学するため昭和三年来日、横浜の本牧中への編入学を経て昭和四年法大入学（苅田久徳とは本牧中―法大と同じ経歴）。あらゆる種類のボールを投げ、チェンジアップ、ナックル、シンカーを初めて日本にもたらした（のちに〝七色の魔球〟と呼ばれる。法大を三度の優勝に導く。十年卒業後、日本コロムビアに入社（同社の実業団チーム「川崎コロムビア」に参加）。その年の暮れ、大阪野球倶楽部（大阪タイガース）結成と同時に入団。十七年からは監督兼任となり十九年に優勝しMVP。戦後の二十二年もチームを優勝に導き26勝をあげてふたたび最優秀選手に輝く。二十五年の2リーグ分立で毎日に。その年の松竹との第一回日本シリーズで第一戦に完投勝利。四十五歳まで現役（殿堂入り、一九六四年）。
（70）前川八郎（1912-2010）。神港中、國學院大學を経て東京鉄道局へ。昭和十年十一月、国内転戦中の東京巨人軍を相手に勝利。翌十一年巨人軍へ入団（東鉄の藤本定義監督とともに）。投手として、二塁手、三塁手、外野手を兼任しながら十三年までプレー。のちにエースナンバーとなる背番号18を、巨人で最初につけた選手。兵庫県出身
（71）猩紅熱といわれる。苅田久徳選手は球団への不満により国内遠征後の十二月に退団。巨人軍時代はショートを守っていたが、翌年発足した東京セネタースに入団してからはセカンドに転向。
（72）二出川延明（1901-1989）。第一神港商から明大へ進み外野手として鳴らす。第二回日米野球で全日本軍の一員として出場。東京巨人軍結成時に入団、第一次米国遠征時から主将を務める。のちに、明大OB岡田源三郎名古屋金鯱軍監督より請われて移籍。十一年七月より審判員。戦後、「俺がルールブックだ」の名言をのこした名審判（殿堂入り、一九七〇年）。兵庫県出身。
（73）『伝説のプロ野球選手に会いに行く』（三一二頁）。
（74）現埼玉県営大宮公園野球場（埼玉西武ライオンズ準本拠地）。開場は昭和九年四月。同年秋に日米野球第十七戦が開催（十一

月二十九日、ベーブ・ルースは二本塁打）。スタルヒン投手がデビューした（八回から登板）。また、長嶋茂雄が佐倉第一高時代、唯一本塁打を放ったのが当球場である。

（75）藤本定義（1904-1981）。松山商から早大へ（大正十四年秋の復活早慶戦で登板）。昭和四年卒業後、大阪鉄道局に入る。東京鉄道局に異動後、野球部監督に就任。十年秋、米国帰りの東京巨人軍を二度にわたって破った。この指揮能力が買われ翌年五月、巨人軍監督に就任。投手起用が巧みで沢村栄治、前川八郎、スタルヒンらを育てあげ、プロ野球リーグ元年の十一年の年度優勝決定戦でタイガースを破り覇者となった。十四年から四連覇、巨人軍の第一期黄金時代を築きあげた。戦後は巨人軍にもどらず、大映、阪急、阪神などで監督を務めた（殿堂入り、一九七四年）。愛媛県出身。

（76）『伝説のプロ野球選手に会いに行く』（三一三頁）

（77）明治三十五年、早大が設けた野球場（早大野球部を創設した安部磯雄部長が大隈重信総長を説いて実現）。日本の野球界の草創期、学生野球を中心に使用。慶大の三田綱町野球場とともに帝都の代表的な球場だった（昭和六十二年閉鎖）。現在跡地は、早稲田大学総合学術情報センター。

（78）『プロ野球風雪三十年の夢』（三一一頁）。

（79）同書（三一二―一一三頁）。

（80）浅沼誉夫（1891-1944）。立教中（野球部を創設）を経て早大へ（大正四年主将）。大正十二年から昭和九年まで学習院野球部監督。昭和三年秋から東京六大学野球リーグの審判（八十川ボーク事件時の球審）。大日本東京野球倶楽部創立時、三宅大輔とともに入団し第一次米国遠征へ（総監督は市岡忠男、監督は三宅、育成・技術担当は浅沼）。帰国後の国内巡業で東京鉄道局に連敗した三宅の更迭後、巨人軍監督に。翌年の第二次米国遠征から帰国後監督解任。しかし、市岡、三宅、鈴木惣太郎とともに「（先行）四人組」の一員として職業野球団（大日本東京野球倶楽部）を興すことに尽力したことは、プロ野球史のなかで光をあてられるべき存在。東京都出身。

（81）『巨怪伝』（一七〇頁）。

（82）フランク・オドール（1897-1969）。昭和六年（一九三一）の日米野球では選手として来日。昭和九年の日米野球（ベーブ・ルース招聘）を実現するために米国側で多大な尽力。戦後、日本の野球の再建期にサンフランシスコ・シールズを率いて来日。十数年途絶えていた日米野球交流を復活させた。東京ジャイアンツの名付け親である（殿堂入り、二〇〇二年）。米国・カリフォルニア州出身。

（83）安部磯雄（1865-1949）。同志社大学卒業後米国に留学、帰国後早大教授。明治三十四年（一九〇一）、早大野球部を創設、

初代野球部長に就任。「早大チームがより強くなるには本場の野球を学べ」と、折から日露戦争という国運をかけた非常事態のなか、明治三十八年（一九〇五）四月、日本初の野球部米国遠征を敢行、多くの新しい野球技術を体得して帰国。大正十四年、東京六大学野球連盟結成、初代連盟会長。早大野球部育成に尽力するとともに学生野球の組織化、国際交流に貢献した（殿堂入り、一九五九年）。福岡県出身。

(84)『プロ野球誕生前夜』（二一―三頁）。

(85)押川清（1881-1944）。早慶戦中断時の早大主将。卒業後、稲門倶楽部員として野球の発展に尽力。大正九年、河野安通志らとともに「日本運動協会」を創設。十七年後の昭和十二年、球友河野らと小石川・後楽園にプロ専用球場を建設。「後楽園野球倶楽部・イーグルス」を結成し球団社長に就任（殿堂入り、一九五九年）。宮城県出身。

(86)泉谷祐勝《いずみたにすけかつ》（1882-1967）。神戸中を経て早大へ。第一回早慶戦に捕手として出場。明治四十四年ストックホルム五輪予選会（百《メートル》、走り幅跳び）にも出場。大正三年、宮内省に入省。裕仁親王（昭和天皇）の意をうけて宮内省野球班を組織。兵庫県出身。

(87)桜井弥一郎（1883-1958）。上田中から慶大へ。二塁手・投手として活躍。第一回早慶戦で勝利投手（主将）。三田倶楽部会長を長く務めた（殿堂入り、一九六〇年）。長野県出身。

(88)神吉英三（1889-1972）。慶大野球部主将（明治四十三～四十四年）。

(89)中野武二（1884-1947）。東京高師付属中から一高へ。主将、名二塁手とうたわれた。東京帝大に進んでからも一高野球部を指導。のちに、審判員。審判員の権威と信頼を確立（殿堂入り、一九七二年）。東京都出身。

(90)小林一三（注41参照）。

(91)『阪急ブレーブス五十年史』（三頁）。

(92)『プロ野球誕生前夜』（四一頁）。

(93)早慶戦の中止（明治三十九年）から五年後、明治四十四年（一九一一）にはじまった、慶大・早大それぞれのＯＢ会組織である、三田倶楽部（慶應義塾）と稲門倶楽部（早稲田）による野球戦。

(94)『プロ野球風雪三十年の夢』（七五―七七頁）。

(95)池田豊（1893-1952）。早稲田中から早大へ。名三塁手として知られた。卒業後、東京六大学野球連盟審判員に。昭和十一年名古屋軍創設時の監督、翌年日本職業野球連盟主催審判員に転ずる。「スピードをモットーとしたプロ野球最高の司会者」と言われた（殿堂入り、一九六二年）。東京都出身。

(96)藤村富美男（1916-1992）。呉港中時代は剛球投手。大阪タイガース入りした翌年は投打二刀流。十三年からは打者に専念。

戦後、長打力が開花、「物干しザオ」と呼ばれる長いバットで本塁打を量産。「ダイナマイト打線」とともにその名は球史に刻み込まれている（殿堂入り、一九七四年）。広島県出身。

（97）『タイガースの生いたち』（五八―六〇頁）。

（98）森茂雄（1906-1977）。松山商を経て早大へ。卒業後の昭和十年、松山商のベンチコーチ（監督）として夏の甲子園を制覇。その力量を買われて十一年大阪タイガースの初代監督となったが夏には辞任。翌十二年新設のイーグルス監督（十四年まで）。戦後、二十二年早大監督に就任（三十二年までの在任中に9度の優勝）。石井藤吉郎（殿堂入り、一九九五年）、廣岡達郎（殿堂入り、一九九二年）らを育てた。大洋では監督のほかに球団代表、社長も務めた（殿堂入り、一九七七年）。愛媛県出身。

（99）太田茂（筆名太田四州、1881-1940）。高松中から和仏法律学校（現法大）を経て『国民新聞』紙上で健筆を揮った。大正十年雑誌『運動界』の発行人兼編集者となり、本格的な野球論を展開。また設立したばかりの放送局のラジオ中継で野球批評を担当、「野球解説者」のパイオニア（殿堂入り、一九七二年）。香川県出身。

第二章　職業野球団続々と誕生

昭和十一年初頭のうごき

新しい年（昭和十一年）を迎え、日本の職業野球（プロ野球）元年の幕開けをみることになる。また、他方、日本国内では戦時体制が着々と構築されつつあった——二・二六事件がこの年の初めに勃発。その後、しだいに軍部の力が強まっていき、全面戦争へとむかっていく潮流を予感させる兆しが顕在化しつつあった（五年後には英米との開戦）。一方、経済面では、国内は軍需景気に沸いていた。数年前の不況が、遠い過去の出来事であったかのような活況を呈していた。新聞紙面は、中国大陸での抗日戦線をめぐる戦闘の拡大や満州事変勃発以後の大陸各地での戦況を、おどろおどろしい言葉とともに伝えている。反対に、ベルリン五輪をひかえスポーツイベントや銀幕などの大衆娯楽も盛んであった。このように、明暗がまじり合う社会の諸相のなかで、わが国の職業野球は産声をあげ、ともかくも、スタートを切ったのである。

一月から二月にかけて、職業野球チーム五球団が結成された（東京巨人軍は昭和九年十二月に、大阪タイガースは昭和十年十二月にすでに創立）。全七球団を創立順に示す(1)（表2―1）。

表2-1　日本職業野球連盟発足時の七球団

創立日(2)	商号	チーム名(3)	親会社
昭和九年十二月二十六日	株式会社大日本東京野球倶楽部	東京巨人軍	読売新聞
昭和十年十二月十日	株式会社大阪野球倶楽部	大阪タイガース(6)	阪神電鉄
昭和十一年一月十五日	株式会社大日本野球連盟名古屋協会	名古屋軍	新愛知新聞
一月十七日(4)	株式会社東京野球協会	東京セネタース	西武電鉄など
一月二十三日	大阪阪急野球協会(5)	阪急軍	阪急電鉄
二月十五日	株式会社大日本野球連盟東京協会	大東京軍(7)	国民新聞
二月二十八日	株式会社名古屋野球倶楽部	名古屋金鯱軍(8)	名古屋新聞

昭和十一年の初春に出そろった七つの職業団は、東京に三チーム、大阪に二チーム、名古屋に二チームであった。読売が予期しなかった「大東京軍」の誕生ゆえ東京だけ奇数の三球団になっていた。親会社は、新聞社と電鉄会社が担っていた。当時、情報を伝達する紙媒体としての新聞と、人びとを運ぶ輸送手段としての鉄道が社会を構成する主要なインフラとして機能していたことと符合する。東京巨人軍の結成から一年たって、大阪タイガースが生まれているが、残りの五球団は、二ヶ月間というきわめて短期間に、あわただしく誕生している(9)。名古屋軍（新愛知新聞）と大東京

（国民新聞）の商号が複雑でありかつ似ていることにわれわれの注意は惹きつけられる――両球団とも「大日本野球連盟」の冠がついている。(10)

これらの七つの球団のうち、名古屋金鯱軍は、創立日が一番最後になっているが、球団内の編成がいち早くなされていた（急造チームの感が否めないが）。岡田源三郎監督の指導のもと選手のトレーニングが進んでいたのである。東京巨人軍は、前年に引きつづき二回目の米国遠征に出発しようとしていた。そこで巨人軍は、出発前の調整のため名古屋金鯱軍を対戦相手としてえらんだ。その試合は二つの意味があった。ひとつは巨人軍の渡米壮行試合の意味合いがあり、もうひとつは金鯱軍の地元での結成披露であった。また、それは、非公式戦(11)ながら日本におけるプロ同士の記念すべき最初の試合でもあった(12)。新聞記事を中心にその様子を追ってみよう（傍点は中西、資料2―1、昭和十一年一月九日付読売新聞）。また、職業野球の黎明期は、球団幹部や中心選手は、東京六大学OBを中心に構成される傾向にあった。名古屋金鯱軍の場合は明大系であったことも付しておきたい。

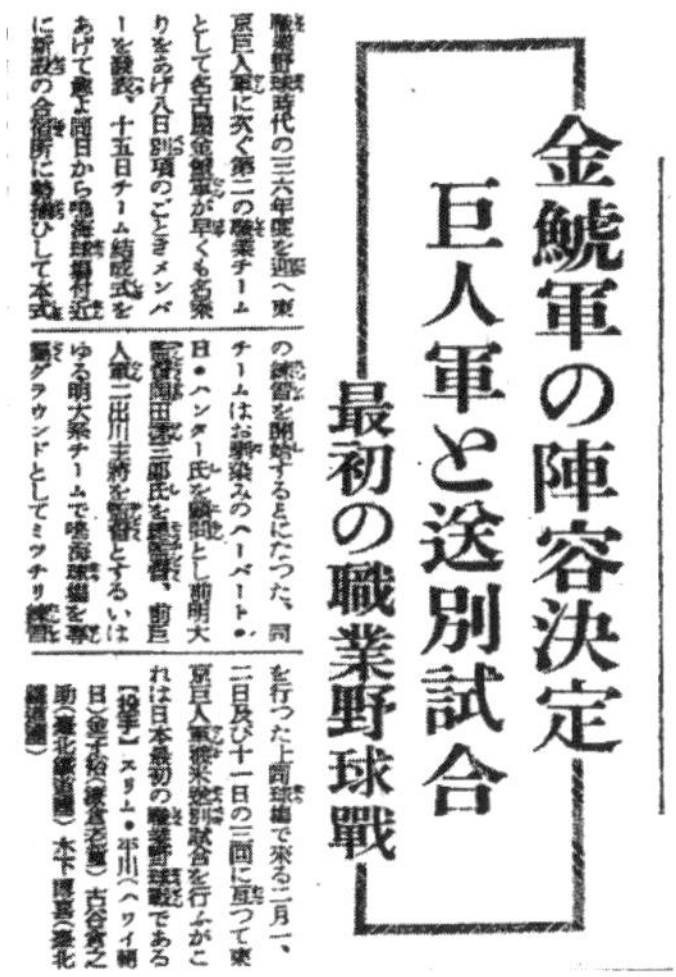
金鯱軍の陣容決定
巨人軍と送別試合
最初の職業野球戦

職業野球時代の三六年度を迎へ東京巨人軍に次ぐ第二の職業チームとして名古屋金鯱軍が早くも名乗りをあげ八日別項のごときメンバーを發表、十五日チーム結成式をあげて愈よ同日から鳴海球場付近に新設の合宿所に勢揃ひして本式の練習を開始することになつた、同チームはお馴染みのハーバート・Ｈ・ハンター氏を顧問とし前明大監督岡田源三郎氏を總監督、前巨人軍二出川主將を監督とするいはゆる明大系チームで鳴海球場を本據グラウンドとしてミツチリ[illegible]を行つた上同球場で來る二月一、二日及び十一日の三回に亙つて東京巨人軍渡米送別試合を行ふがこれは日本最初の職業野球戦である

【投手】スリム・平川（ハワイ朝日）金子裕（[illegible]）古谷倉之助（東北[illegible]）木下[illegible]（東北[illegible]）

[資料2-1]昭和11年1月9日 読売新聞

　職業野球時代の三六年度を迎え東京巨人軍に次ぐ第二の職業チーム(13)として名古屋金鯱軍が早くも名乗りをあげ八日別項のごときメンバー

鳴海球場前へ

合宿移轉

金鯱軍

愈よ本格的猛練習

打倒"巨人軍"の闘志に燃えて十日から鳴海球場に猛練習を開始したわれらの名古屋野球クラブ"金鯱軍"は、二出川監督以下各選手とも頗る好調で他の未到着選手の集結を待ちわびてひたすら戦ひの日に備へてゐるが"金鯱軍"の興亡を賭ける對巨人軍戦の期日も漸次接近してくるのでいよいよ練習に熱度を加へるためいままでの假合宿してゐた鶴舞館をひきあげ、十二日午前中に二出川監督以下全選手とも鳴海球場前の合宿所（電話鳴海一四九）に移ることとなつたかくて練習に最も理想的な足場を持つた金鯱軍は名實ともに備はる實力をもつて全野球大衆の期待にむくゐんとするのである

［資料2-2］昭和11年1月12日　名古屋新聞（鶴舞中央図書館所蔵）

を発表、十五日チーム結成式をあげて愈よ同日から鳴海球場付近に新設の合宿所に勢揃いして本式の練習を開始することになった、同チームはお馴染みのハーバート・H・ハンター氏[14]を顧問として前明大監督岡田源三郎氏を総監督、前巨人軍二出川主将を監督とするいわゆる明大系チームで鳴海球場を専属グラウンドとしてミッチリ練習を行った上同球場で来る二月一、二日及び十一日の三回に亙って東京巨人軍渡米送別試合を行うがこれは日本最初の職業野球戦である

【投手】スリム・平川[15]（ハワイ朝日）金子裕（鎌倉老童）古谷倉之助（台北鉄道団）木下博喜（台北鉄道団）……〈後略〉

その他、紙上に出ている特記すべき選手は、内野手として濃人渉[16]（広陵中）、江口行雄[17]（巨人軍）、外野手として島秀之助[18]（法政）がみられる。

いち早く陣容をととのえた名古屋金鯱軍は本格的な練習に取りくむこととなった。名古屋市の中心地の合宿所から練習場（鳴海球場）の近くに引っ越すことがきまった。それを伝える記事（資料2―2、見出し「金鯱軍　鳴海球場前へ合宿移転」「愈よ本格的猛練習」）を示す。

記事（資料2―2）内容の一部を記す。

打倒〝巨人軍〟の闘志に燃えて十日から鳴海球場に猛練習を開始したわれらの名古屋野球クラブ〝金鯱軍〟は、二出川監督以下各選手とも頗《すこぶ》る好調で他の未到着選手の集結を待ちわびてひたすら戦いの日に備えているが〝金鯱軍〟の興廃を賭ける対巨人軍戦の期日も漸次接迫してくるのでいよ〳〵練習に熱度を加えるためいままでの仮合宿していた鶴舞館をひきあげ、十二日午前中に二出川監督以下全選手とも鳴海球場前の合宿所（電話、鳴海一四九）に移ることとなった

大阪タイガースへ若林入團

【大阪電話】さきに阪神電鐵の姉妹會社として創立された株式會社大阪野球クラブでは今回同社野球チーム名を「大阪タイガース」と決定、投手陣に元法政前川崎コロムビア投手若林忠司君を迎へることになつた

［資料2-3］昭和11年1月11日　新愛知新聞（鶴舞中央図書館所蔵）

職業野球の草創期において、各チームは、有力な選手を集めることに全力をあげていた。大阪タイガースは、前年末の松木謙治郎や藤村富美男らの入団につづいて、実業団の強豪川崎コロムビアから若林忠志投手（法政大出）を獲得した――新聞では若林忠司と表記。また、会社名が大阪野球倶楽部であったのに対し、親しみやすいチーム名を募集したところ「大阪タイガース」ときまり発表された（資料2―3、昭和

十一年一月十一日付新愛知新聞）。

若林や松木の入団時の契約金やチーム名の決定について、補足資料から引いてみる。(19)

年明け間もない一月十日［昭和十一年］、若林忠志の入団発表を行った。タイガースとしては十二人目の選手で、それまでは中学出の藤村富美男、菊矢吉男の二投手しか獲得していなかったこともあり、投手陣の心棒ができたというので球団関係者はやっと愁眉をひらいた。阪神電鉄社員から募集していた球団のニックネームを「タイガース」と決めたのもこの日のことだった。

若林の契約はその前日の九日、東京で交わされ、交渉に当たっていた吉江昌世の手から、金一万円が手渡された。若林とは三年契約で年棒三千円（月割りで二百五十円）ほかに支度金千円というのが契約内容だった。契約書には支度金などという字句はなくて、「割増前渡給料」となっているが、とにかく三年間の給料を一度に支払ったのだから、当時球団が若林の獲得に執念を燃やし、他球団との競争に勝とうとしていた事実の裏付けにはなる。

その前年の十二月九日、しあとる丸で大連をたって内地へ帰っていた松木謙治郎も、職業野球は先行き不安だということで、契約時に二年間の給料四千八百円（月俸二百円）と、大連からの移転費四百円の支払いを受けている。

戦時体制への道（1）国防婦人会

満州事変の勃発以後、大陸での混迷状態は長引き、国民一人ひとりが戦時体制に組み込まれつつあった——二年後の昭和十三年四月、国内の人的、物的資源を戦争遂行のために動員することを目的として、「国家総動員法」が公布される。そのような状況のなかで非戦闘員の女性たちは、何らかのかたちで国のために寄与することがもとめられていた。大阪で生まれた国防婦人会は全国各地に波及していた。三重県における状況について資料2—4の記事からみてみよう。

三度の食を節約し
慰問袋十三箇
米一粒も獲れず薪一木とれぬ
伊勢寒村の軍國美談

國防婦人會
三重に續々設立
軍國日本婦人の意氣

［資料 2-4］昭和 11 年 1 月 12 日　新愛知新聞（鶴舞中央図書館所蔵）

記事（資料2—4）内容を記す。

「国防婦人会　三重に続々設立　軍国日本婦人の意気」
【本社発電話】銃後の護りをかためる国防婦人会は県下では昭和九年十月阿山郡玉滝村をトップに続続各地で発会式をあげ、いまや設立されたもの二百五十六団体、この会員十万五千百七十九人に達し軍国ニッポンの婦人の意気発揮するにいたったが、さらに三月までに未設置百二十ヶ町村に対し国防婦人会津本部が積極的に設立方を慫慂《しょうよう》し［そうするように誘って、しきりにすすめること］来る三月には一町村残らず、設立させることになった、かくて全三重県下にわたって設立され、ばその総会員十三万人を超え在郷軍人の約三倍の人数を擁する陣容となるわけである

【写真は本社主催の伊勢神宮団体参拝】

国防婦人会の地方への拡大についての研究書[20]の記述を紹介する。

……関西本部を中心にみるかぎり、一九三五年から国婦［国防婦人会］は頭うちになった。大阪における会勢も、かならずしも伸長していない。神戸地本の場合は、三五年五万二〇〇〇人が三六年には四万五五〇〇人に減少している。会員拡大主義をやめたことがこの数字にもあらわれている。では、全国的にはどうかといえば、三四年末一二三万人、三五年末二五五万人、三六年末三六七万人と会勢は飛躍的に拡大しているのである。これは各県にひろがったからで地方本部が一二→二三→三六とふえることによって会員総数も増大したのである。

各県に波及したのは、大阪のように民衆レベルの婦人たちが自発的に結束したからではない。ほとんどすべてが連隊区司令部で計画され、市町村に分会が結成されてこれを統合していった。

……〈後略〉

また、資料2―4の新聞記事の見出し「三度の食を節約し慰問袋十三箇」「米一粒も穫れず薪一本とれぬ伊勢寒村の軍国美談」の内容をみてみよう（傍点は中西）。美しい「国民性」が賛美される。

【本社宇治山田電話】宇治山田憲兵隊では度会郡柏崎村が挙《こぞ》って在満将兵へ贈る慰問袋を拒絶した報を重大視し真相を調査したところ、意外にも疲弊困憊《こんぱい》の村民が三度の食事をさいて慰問袋を発送したと言う力強い銃後美談が生れた――

同村は紀勢東線柏崎駅に沿った山村で、村内には一粒の米も穫れず村民の食糧は全部他から買い入れ、伐採したくとも山には一本の木もなくその上鉄道の開通で小学校は立ち退きを命ぜられ借金をして他に移転しこれがため村の財政はます〳〵苦しくなり、村長は責任を感じて辞職、そこへ十二月十日までに慰問袋を取りまとめて郡団体事務所まで届けよと言う指令が届いた、役場当局では責任上村内を駆回って募集につとめたが一軒として財政の豊かな家はなく締切り日までには一個もまとまらず、郡団体事務所からは矢のような催促をうけるし困り抜いた役場書記は村の名誉のため村民に銃後の重大責務を説き廻ったところ村民の心の奥にひそんでいた、美しい国民性が溢れ、貧困の中にも三度の食事を一度に節約し、或は他村へ嫁入りしている娘の家までも頼み歩いてやっと十三箇の美しい慰問袋が出来上がったので去る三日遅れながら発送した、この涙の銃後の美談を知った憲兵隊では長者の万燈より貧者の一燈にも似た村

民の愛国心に感謝している

戦時体制への道（2）軍縮会議退席

昭和十一年を迎えて、職業野球団が続々と生まれようとしていたころの一月十五日（名古屋軍の創立日）、日本は、「ロンドン海軍軍縮会議」から退席した。それは名実ともに軍縮時代の終わりを告げるものであり、ふたたび建艦競争が繰り広げ

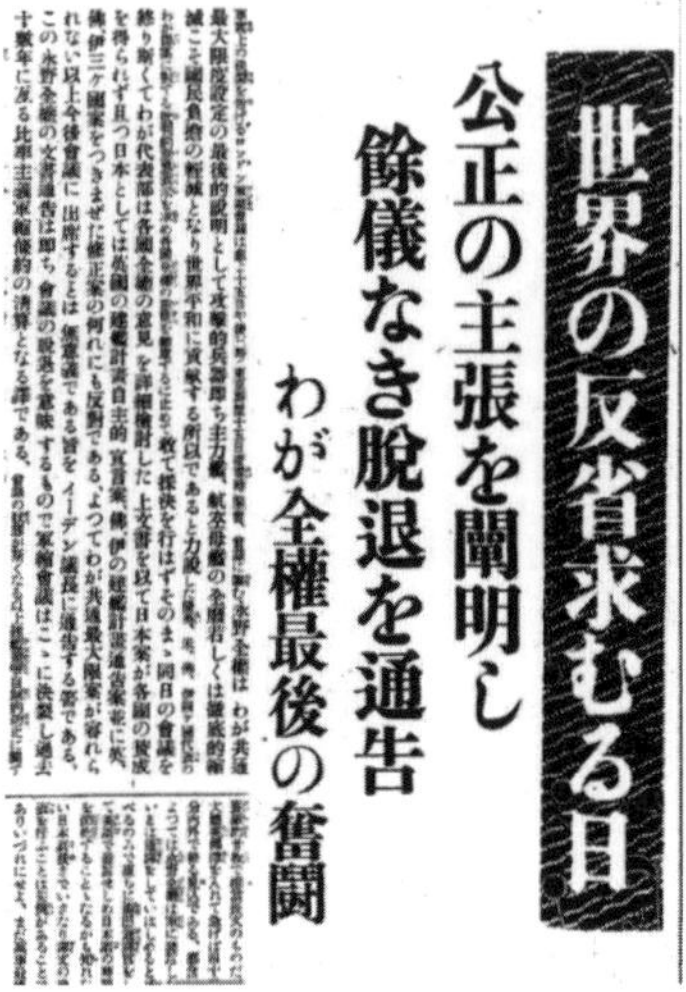
世界の反省求むる日
公正の主張を闡明し
餘儀なき脱退を通告
わが全権最後の奮闘

［資料 2-5］昭和 11 年 1 月 16 日夕刊 読売新聞

られることとなった。関係する新聞記事を示す（資料2—5）。

時代の情景（1）双葉山関69連勝のはじまり

観戦競技として、当時、野球とならんで人気があったのは大相撲である。未だに破られていない連勝記録として燦然と輝く、双葉山関[21]が達成した〝69連勝〟のはじまりはこの時期のことであった。昭和十一年度の大相撲春場所七日目、関脇双葉山は、西前頭四枚目の瓊《たま》ノ浦相手に打棄《うっちゃ》りで白星をあげた。この取組みから連勝がスタートした。大相撲七日目の模様をあらわす記事を、資料2—6

七日目勝負・夕刊続き

中入後

勝		資
綾錦	（下手投）	伊達花
天城山	（上手投）	防長山
大八洲	（引落し）	玉の海
大浪	（上手投）	桂川
金湊	（掬投げ）	射水川
富野山	（叩込み）	駒の里
銀華山	（叩込み）	土州山
三熊山	（押切り）	綾川
播甲	（突放し）	幡瀬川
松前山	（吊出し）	九州山
出羽湊	（打棄り）	筑波嶽
和歌島	（打掛け）	番神山
双葉山	（打棄り）	瓊の浦

［資料 2-6］昭和 11 年 1 月 17 日 読売新聞
下は拡大したもの

（昭和十一年一月十七日付読売新聞）に示す。

職業野球団次々と誕生

大阪での新職業野球団結成（昭和十年十二月十日）につづいて名古屋での職業団の編成にむけての動向についてみてみよう。「賑う職業野球界〝名古屋軍〟旗揚げ　中京に二チーム併立」の見出しの記事をみてみよう（資料2―7）。

記事（資料2―7）内容の一部を記す。

【名古屋電話】職業野球抬頭の波に乗って既報の如く結成を急いでいた新愛知新聞斡旋の株式会社「大日本野球連盟名古屋協会」が愈よ誕生した、即ち同社では十二日午前十時から創立総会を開き発起人総代後藤新十郎氏外株主出席経過報告があって後従前仮に定めていた「名古屋野球協会」の社名を前記の如く変更、チーム名は「名古屋軍」と決定、役員は選挙の結果取締役後藤新十郎外八氏、監査役大島一衛外二氏を決定、取締役会長大野正直、副会長大島一郎、専務田中斉、常務河野安通志氏等就任、相談役に大島宇吉、下出義雄、永岡彌兵衛、押川清の四氏を推薦、茲に首脳部の陣容を整え颯爽と職業野球界へ乗出した

なお常務河野氏はチームの総監督を兼ね監督には前六大学リーグ審判池田豊氏が就任することになっている、これで名古屋新聞斡旋の金鯱軍とともに中部日本には二つ職業チームが並立しやがて東京巨人軍との華々しい戦いが見られることとなった

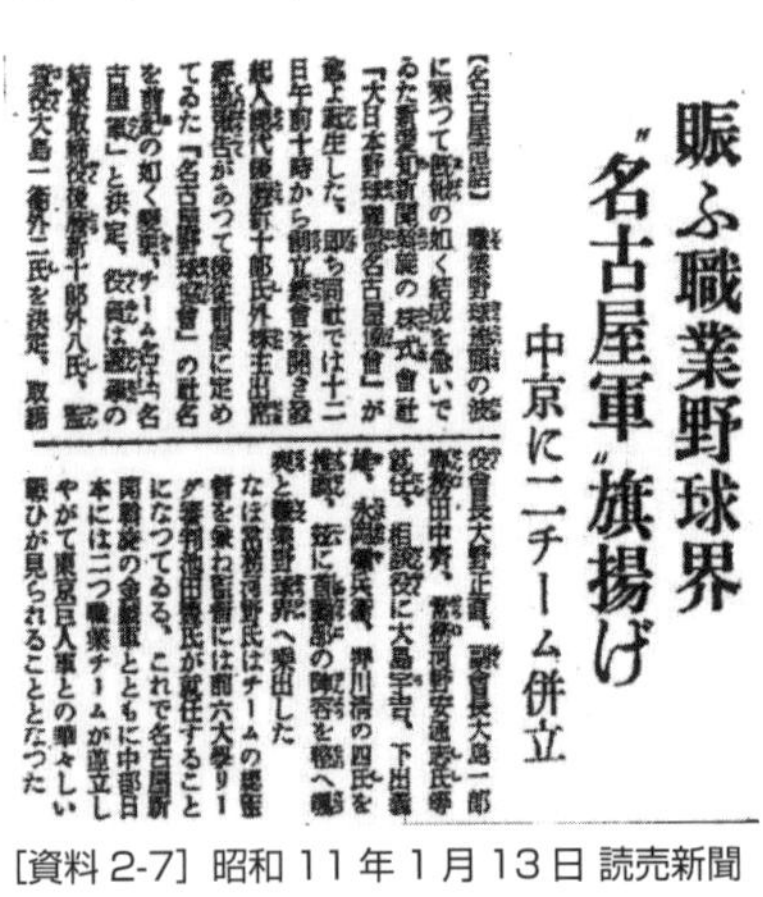

[資料2-7] 昭和11年1月13日 読売新聞

わが国最初の職業野球団「日本運動協会」を設立（大正九年）した、河野安通志と押川清の名が、名古屋軍の役員としてはいっていることを心に留めておきたい。名古屋軍の設立について、新聞記事に現れない事情をのぞいてみよう。最初に参照するのは、のちに、セントラル・リーグ会長を永年務めた、鈴木龍二による回想録をひも解いてみたい[22]。

これで大阪に二球団、東京に二球団できた。さらに名古屋にもプロチームを置かねばならん。現在は中部日本新聞[23]だが、当時は新愛知新聞と名古屋新聞が対立していた。この二つの新聞が合併して中部日本新聞になった[24]。名古屋新聞の社長は、小山松寿[25]さんで衆議院の議長をやった人だ。いまの中日ドラゴンズのオーナー・小山武夫さんのお父さんで大変な実力者だ。専務は大宮伍三郎[26]さんだった。新愛知は大島一郎[27]さんが社長で、田中斉《ひとし》[28]とは義兄弟の仲だ。正力さんは、まず新愛知のほうに、プロ野球を作らないかと働きかけた。全米チームを呼んだとき、名古屋の興行を任せて、これも利益をあげている。だからまず新愛知のほうへ話を持っていった。それを耳にしたライバルの名古屋新聞は黙っていられない。これもプロ球団を作ると言い出した。そこで名古屋新聞の大宮伍三郎はたちまち金鯱軍を作った。新愛知新聞の名古屋軍より一日か二日早いという競争だった。

正力さんの計算は、まさに図星だったわけだ。阪神がプロチームを持てば、ライバルの阪急も持つ、新愛知が持てば名古屋新聞も持つという読みが正力さんにあった。それが間違っていなかったわけである。こうして、プロ野球チームが続々名乗りをあげた。大東京は……〈中略〉……、新愛知から国民新聞に乗込んできていた田中斉が結成に踏み切った。いまから考えると非常におかしいのだが、名古屋軍の田中専務が、名古屋では名古屋軍、東京では大東京の結成を計画した、ということになる。

名古屋に生まれた職業団のひとつである名古屋軍は新愛知新聞がバックに、東京の新球団の大東京は国民新聞が後ろ盾になり、両チームをむすびつけている人物は田中斉であった。名古屋において、名古屋軍は名古屋金鯱（名古屋新聞が親会社）をライバルとして位置づけられる。しかし、田中のほんとうの相手は、読売新聞の正力松太郎氏であったようである。正力のえがく職業野球リーグとは別個のリーグを田中は構想していた。それは、日本の職業野球の勃興期においては、あまりにも時代を先取りしすぎていたため現実になることはなかった。田中のかかげる理想とはなにか、名古屋軍の後身の現中日球団の歴史を綴った資料を引いてみよう(29)。

昭和九年に、ベーブ・ルースらの第二回目の全米チームの名古屋での興行権のことで、「田中は」新愛知新聞を代表して、読売新聞の本社へ正力さんをたずねたところ、正力さんは〝昭和六年の第一回のときの関係もあるので名古屋での試合については、万事おまかせしましょう。そのかわり、名古屋で、職業野球チームを作るよう努力していただきたいと思うが、どうでしょう。読売新聞は、全日本チームを母体にして、プロ野球チームを作りたいと思って、準備しています。ところが、国内に相手チームがなくては、立ち行きません。名古屋は、野球王国といわれているほど野球が盛んだそうで、ファンも多いらしいから、きっと、うまくいくでしょう。ぜひ、協力して、プロ野球を育成しましょう〟と、相談をもちかけられたので、本社へもどって、はなしたところ、それはおもしろいからやってみよう。田中は、アメリカ通で、野球もよく知っているのだし最適任者だから、準備にかかってくれといわれて、引き受けたわけだ。と説明している。田中は、アメリカのジョンス・ホプキンス大学に留学して、マスター・オブ・アーツの学位を持ったアメリカ通で、留学中にアメリカのプロ野球もみてきているので、おおいに、乗り気になって、チームの編成準備に取りかかったのである。正力の呼びかけで、活動をはじめるに当たって、田中は、当時、新愛知の経営下に置かれていた国民新聞を背景にして、東京でも、プロ野球チームを結成することを考え、大東京軍を作ったのであった。

アメリカに留学して、アメリカのプロ野球を見てきているだけに、ただなんとなくチームを作ったのでは、無意味であるし、発展の可能性も少ないとして、二リーグ制、フランチャイズとファームの組織などを考えにいれた田中構想は、たいへん意欲的であり、すぐれていた。その反面、ある点で、当時の情況としては、先走り過ぎている点もあったことは否めず、結局は、田中構想とはちがったかたちの日本職業野球連盟主催の組織となったものと思われる、田中構想の基本は、独立採算と経営の合理性をねらったもので、現在、もう一度検討してみると、参考になるものと思われる。

〈中略〉

中部日本新聞社の大島社主は、名古屋軍結成当時のことをふりかえって名古屋軍は、名古屋の球団であり、市民のチームである。そのようにしなければならない。新聞社のものにしてしまってはいけない。新聞社は、市民に代わって、その世話をするだけだ。このような考えから、名古屋の名士に相談し、新聞社も、個人の立場で出資することにして、関係者、みんなが資金を出し合ったわけだ。そして、地元で野球の世話をしていた、弁護士の大野正直さんを会長にいただき、財界代表の上野誠一さんを専務にし、わたし［大島社主］が副会長となり、創立業務のいっさいを、田中斉君にたのむということで発足した。

正力の呼びかけが、直接の動機ではあったが、名古屋軍の結成に当たっては、正力とはちがった考えで、出発し、正力の作るリーグに対抗して、一つのリーグを作り、アメリカの二リーグ制と同じように、二つのリーグが、協力していけば、まちがいなく。繁栄することができるだろうとねらったのが田中構想である。正力には、非協力ではないが、その支配下にはいらないで、別のプロ野球リーグを作ったほうがよい。そして、二つのリーグが、たがいに、競争し合い、協力し合っていけば、日本のプロ野球は、きっと、発展するにちがいないというのである。……〈後略〉

新愛知新聞社斡旋によって設立された名古屋野球協会——昭和十年十一月十五日設立——は、一月十二日、本社楼上理事室で創立総会を開催、新職業団の社名を「株式会社大日本野球連盟名古屋協会」とする定款を承認、チーム名を「名古屋軍」と呼ぶことになった。新職業団の役員は以下のとおりである。会長は大野正直、副会長に大島一郎、専務取締役に田中斉、常務取締役に河野安通志、相談役の一人として河野の盟友、押川清が入った。関係する記事を、資料2—8に示した。ここで注目すべきは、「日本運動協会」設立にたずさわった、河野と押川が名古屋の球団幹部に名を連ねていることである。かれらの意図は果たしてなんであったのだろうか。

新愛知新聞の首脳の編成は、名古屋軍の発足はたんに一つのプロの球団を発足させることにとどまらず田中の正力に対抗する構想、そして、河野らの永年の秘められた理想の実現をめざしていた。幸運なことに、両者のかかげる夢は共有され、それを現実に

昭和十一年一月十三日

野球王國の豪華版

無敵の"名古屋軍"生る

大日本野球聯盟名協會創設

三月から熱戦を展開

役員氏名

會長 大野正直
副會長 大島一郎
專務取締役 田中齊
常務取締役 河野安通志

［資料2-8］昭和11年1月13日　新愛知新聞（鶴舞中央図書館所蔵）

していく機運がめぐってきた。球団史を引いてみよう。(30)

母体会社創立のめどがつくと、具体的に、チーム編成に着手したのである。そこで、中心にすえる監督の人選について、相談をすすめたところ、東京の球界事情に明るい、国民新聞の運動部長白井正福は「明治大学の先輩で、球界のあらゆる方面から、信頼され、敬愛されている天知俊一氏(31)が最高である」と、推薦し、関係者みんなの意見が一致したので、その出馬を懇請したのであったが、不成立におわってしまった。戦後になって、天知が、中日ドラゴンズの最悪の時代に、難局を引き受け、日本選手権［昭和二十九年度］まで手にいれたことは、運命的なものさえ感じさせ、白井の鋭い観察力に感動させられるのである。

天知の引き出しができなくなったあと、河野安通志に交渉することになった。河野は、〈中略〉……日本で最初のプロ野球団である、芝浦運動協会を作った人であるし、プロ野球については、なみなみならぬ情熱を持っているので、この人を監督にして、チームを編成しようということになった。当時、河野は、読売新聞の運動部の顧問ということになっていたので、正力の了解を得る一方芝浦時代の協力者である押川清を通じて、河野に交渉し、総監督を引き受けてもらい、その後輩の池田豊を監督として迎え、チームの結成に取りかかったのである。

〈中略〉

河野安通志は、芝浦運動協会、宝塚協会の経験から、職業野球団を編成することが、どんなにむずかしいことであるかを知りつくしていた。そして、それを、企業として、独立採算にまで持っていくことの困難さは、身にしみて知っていたのである。しかし、それでいて、総監督を引き受けたのは、プロ野球の可能性を信じ、実現しないではおかないという、情熱に燃えていたからである。困難であっても、企業として成り立たせなければ、無意味であるということも、大島、田中らと、同じように考えていたのである。……〈中略〉

そのころは、芝浦時代よりも、プロ野球に対する、球界の空気は、好転していたにしても、プロ野球選手になろうとするプレーヤーは、能動的にはいうまでもなく、受動的にも、少なかった。かりに、選手が、その気になったとしても、両親や兄弟たちは、正面切って反対するというありさまであった。日本国内の選手の供給源、とても、せまかったのである。そこで、アメリカ球界から選手を求めようと考えたのであるが、その点、アメリカの留学中、プロ野球にふれている田中とは、相通じるものがあって、了解が成り立ちやすかったのである。〈中略〉

アメリカから選手を呼ぶからには、日本のプロ野球に、プラスになるような実力のあるプレーヤーでなくては意味がないというので、百方、手をつくして交渉に当たった。幸いに、アメリカ生まれの二世で、明大OBである松本滝蔵(32)、鈴木惣太郎(33)らの協力もあって「ロサンゼルス日本(34)」から、ノース投手(35)、ハリス捕手(36)、高橋吉雄遊撃手(37)の三選手を獲得することができた。この三選手は、人がらもよく、野球をよく知った名プレーヤーぞろいで、ファンにも人気があった。とくに、捕手ハリスは、日本の球界に多くの功績を残した。アメリカのプロチームの経験もあって捕手技術もインサイドワークも高度で、捕手のあり方について、実戦的に模範を示し、多くの教訓を残した。そのプレーは、いまでも、球界に語り伝えられているほどだ。田中は、彼らの給与について、ノースとハリスは三百円、高橋は二百五十円だったたと、打ち明けたが、当時は、最高水準の高給であった。阪急軍で活躍した慶応出身の大選手、宮武三郎、山下実(38)らの月給が、三百円だったと伝えられている。当時、東大出の初任給の相場が、七、八十円だったことからみても、むかしも、いまも、野球選手ならではの感じがする。

河野安通志は、新球団名古屋軍の総監督の任に当たるだけでなく、野球界全般に対して大所高所から目をくばっている。昭和十一年という新年を迎え、スポーツ界全体を見回して、職業野球の出現がセンセーショナルなものを呼び起こすことになる、という確信のもと筆を執っていた（資料2―9）。ここで注目すべきことは、河野の記事「時代の波に乗る　職業団の出現」が国民新聞から出ていることである。河野は新愛知新聞の職業団の総監督である。国民新聞には大東京という職業チームがある。普通ならば、他球団の親会社の新聞に記事を掲載すること自体が考えられないことである。しかし、それを可能にしているのは、当時、国民新聞が資本のうえで新愛知新聞の傘下に入っていること、そして、両新聞の主幹が田中斉であるゆえとして理解できる。いうなれば、名古屋軍と大東京は「友軍」のようなものだ。

名古屋というローカルな地域での対抗は、新愛知新聞の名古屋軍と名古屋新聞の金鯱軍というライバル関係が現れている。さらに広域にみれば、同じ新聞系でも、「新愛知―国民」は読売と対抗するものであり、それにともなう球団同士のライバル関係については、名古屋軍（新愛知）対東京巨人軍（読売）、あるいは、大東京（国民）対東京巨人軍（読売）といった図式がうかび上がってくる――現在においても、中日ドラゴンズ（新愛知新聞後継紙の中日新聞）対読売巨人軍（読売新聞）の対抗関係が続いている。当時の、名古屋と東京における新職業団の勃興にともなう諸事情は複雑な様相を呈している。

名古屋における新職業団事情について追加資料を示す。名古屋軍に対抗する球団として名古屋金

多彩なれ一九三六年のスポーツ
時代の波に乗る……
職業團の出現
各チーム入り亂れて試合する
シーズンに見る壯觀
河野安通志

[資料 2-9] 昭和 11 年 1 月 14 日　国民新聞（国立国会図書館所蔵）

金鯱軍晴れの結成式
球界未曾有の光榮
感激高鳴る門出
畏くも東久邇宮殿下に賜謁
新興の意氣に燃ゆ
首將に島君

[資料 2-10] 昭和 11 年 1 月 16 日　名古屋新聞（鶴舞中央図書館所蔵）

鯱の結成式が一月十六日付名古屋新聞で報じられた（資料2―10）。

名古屋金鯱軍[39]は、岡田源三郎監督という実に熱心な指導者に恵まれていた。金鯱軍は現在の中日ドラゴンズとは関係がないが、金鯱軍の誕生について中日球団史のなかで触れられている[40]

金鯱軍は、そのころの名古屋新聞専務、大宮伍三郎が、中心に立ち、明治大学の監督だった岡田源三郎を総監督に据え、出足よくチーム作りをしたのであった。この岡田は、天才的な名人気質を持ち、野球のむしといわれる、自分が先頭に立って、実戦的にきたえ上げる人で、選手作りのうまさには定評がある。

話は、少し、横道にそれるが、一九三一年（昭和六年）から三三年まで甲子園の夏の大会で、中商［中京商業］の三年連続優勝したチームをきたえ上げたのがこの名人岡田であった。……


東京では、読売の東京巨人軍に対抗する新球団の立ち上げにかんして、正力松太郎は、前年においてすでにうごいていた。正力は、貴族院議員の有馬頼寧《よりやす》に職業野球団の設立の話を持ちかけて、それを受けて「日本野球協会」の設立があったことはすでにみてきた。資料2―11の記事は、「巨人軍の弟分」の見出しが示しているように、まさに、東京セネタースは、巨人軍の対抗球団というよりもむしろ〝友軍〟としての位置づけがなされているようだ。

記事（資料2—11）内容の一部を記す。

一九三六年度の野球界はまさに職業団時代である、さきに名古屋金鯱軍の誕生を見た斯界は更に東都において東京巨人軍に次ぐ東京野球協会の設立をみ、近くは阪急電鉄チームの成立あるなど一気に職業団時代を現出する形成となった

東京野球協会は去る十五日創立総会を開き十八日正式に会社の組織並びにその陣容を発表したが同協会はさきに鶴見、駒井両氏を首班として計画されたものを継承したもので種々の事情から両氏とは関係なく全然別個に設立され西武電車[41]並びに実業界の名士をバックとして強靭な株式組織を作り上げ子爵安藤信昭氏[42]を社長とし同子令兄有馬頼寧伯を顧問、前六大リーグ審判横澤三郎氏[43]を監督に苅田[44]、中村[45]、高橋[46]等の著名選手を始め中等球界の精鋭を網羅しその名も東京セネタースと名乗って斯界にデビューするに至った。

……〈後略〉

"東京セネタース" 名乗りを擧ぐ
新職業團 巨人軍の弟分

[資料2-11] 昭和11年1月19日 読売新聞

東京セネタース[47]の設立について正力（読売）の思惑に照らしてみてみよう。[48]

鉄道、新聞など、親会社が火を噴くような競争をしているライバル同士をぶつけることによって、正力は、今日のプロ球団の基礎を築いていった。各界の敵と敵、味方と味方を順繰りに噛みあわせ、自分が思うがままの方向にひきずり込むこの神算鬼謀こそ、正力の独断場だった。

正力はその一方、旧知の憲政会代議士、駒井重治にもプロ球団創設の話を持ちかけた。駒井は後藤新平の女婿の鶴見祐輔とはからって日本野球協会という組織を旗揚げし、西武線沿線の上井草に八万人の観客を収容できる東洋一のスタジアムをつくる、との壮大な構想をぶちあげた。西武でも、関西の電鉄会社に見習って、沿線に野球場をつくり運賃増収をはかろうとしていた矢先だったので、一も二もなくこの話にとびついた。

だがこの計画は途中で挫折し、球場計画も大幅に縮小されることになった。これを受けついだのが、やはり正力と旧知の貴族院議員で、競馬の有馬記念の名前の由来ともなった有馬頼寧だった。こうして結成されたのが、西鉄の前身となる東京セネタースだった。球団のニックネームは、アメリカ大リーグのワシントン・セネタースからとられたものだが、事実上のオーナーの有馬が所属する貴族院の英語訳のセネタースともひっかけられていた。

さて、大阪でのうごきについてみてみよう。すでに、阪神電鉄をバックにした大阪タイガースの創立は、前年末に成されていたが、それより少しおくれて、阪急電鉄による新職業団「阪急軍」の設立が公にされた（資料2―12）。

阪急電鉄は、ライバル会社阪神電鉄にくらべて、新職業団のチーム編成におくれをとっていた(49)。阪急の選手獲得にむけての慌ただしいうごきについて球団史に綴られている(50)。編成実務を担当する村上実氏(51)の奮闘ぶりをみてみよう――第一章のなかの「大阪で新職業野球団結成への胎動」の記述と連関している。

阪急職業野球團
堂々の陣容成る
宮武、山下両君らを擁して
三月上旬から練習

［資料2-12］昭和11年1月24日
大阪毎日新聞（国立国会図書館所蔵）

村上の大毎運動部への日参が始まった。まず手始めに、全国の中学、大学、実業団などの目ぼしい選手たちのリストづくりを始めた。事実、阪神に続き名古屋方面でも球団結成が進められ、選手獲得の動きが激しく、阪急はこの時点ではすでに立ち遅れていたのである。……〈中略〉

……何をおいても宮武と山下であった。宮武は昭和二年（一九二七）春から、六年三月に卒業するまでの七シーズンで優勝四回、二位三回と、慶応の全盛期を担った投手の一人である。また、打者としても秀でていた。通算三割四厘、七本塁打。わずか七本と思うが、球場が広く、バットやボールの材質が良くなかった時代のことである。これは昭和三十二年（一九五七）、当時立教の長嶋茂雄選手が八本と更新するまで、二十六年間も続く大記録であった。一方、山下実は、昭和二年に宮武と同じく慶応に進み、宮武とともに猛打を振るい、〝和製ベーブ・ルース〟の名をほしいままにしたスラッガーであった。

この宮武と山下はともに、村上にとっては同じ釜のメシを食った間柄である。会えば何とかなる……の思いで、村上は十一月下旬、東京に向かった。到着するとすぐ、東京会館で宮武に会った。四年目の再会であった。宮武の最初の答えは、「東京セネタースと五年間一万八千円で契約した」ということであった。村上はがっかりした。だが、よく聞いてみると、まだ正式に契約書に署名捺印していないという。村上の顔に生気が甦った。

「セネタースとの契約が完了していないのなら、阪急へ来てくれないか」

村上は必死だった。阪急という企業のこと、小林一三のこと、チームづくりに対する自らの熱意など、いろいろなことを語り続けた。話に引き込まれたかのように、宮武は東京セネタースとの交渉に際し、大変お世話になった人たちに相談したうえで返事をしたいという。村上の心は躍った。

それから約一ケ月にわたって、彼の保証人、後援者に次々と会い、ようやく了解を取り付け、阪急第一号選手として契約に漕ぎつけた。チーム編成後、宮武は主将となり背番号「１」を身につけた。村上は、後年その手記のなかに、当時の東京会館林英支配人、東京白木屋の鏡山重役といった人々の、陰の助力に感謝した一文を残している。

続いて、契約第二号になったのは山下実であった。山下は、慶応を卒業したのち、大連満州倶楽部に所属していたが、村上がスカウト活動のため上京した頃、東京にやって来ていた。いち早く国民新聞が編成中であった大東京倶楽部の招きで上京、同倶楽部の合宿所に滞在していたのである。

村上は東京での活動を助けてくれる宮武を介して、山下を呼び出した。そして、宮武も阪急入りを決めたことを告げ、入団を勧めた。山下の返事は「ノー」であった。金を貰っていると言う。さらに詳しく尋ねると、それは契約金ではなく、ほんの小遣い程度のものであった。村上は心密かに「しめた！」と思った。彼も宮武同様慶応野球部以来の仲である。金銭問題以外には、阪急入りを拒む理由は何一つなかった。村上は、この山下実に背番号「2」をつけた。

当時の球界の超大物の入団は決まった。村上はさらにもう一人の大物を狙った。若林忠志である。……〈中略〉……村上の条件提示に同意しながらも、彼は月々の給料は半額でもよいから、その代わり契約金を一万円として欲しいという案を持ち出して来た。金一万円の先渡しとなると、村上の一存では即答できず、急ぎ帰阪して、若林を逃してはならない理由を説明し承認を求めたが、容易に決裁がおりなかった。そのうちに、タイガースも若林と接触し、タイガースは彼の条件をそのまま受け入れ入団を決めてしまった。彼はその後、タイガースの優勝のために大きく貢献し、阪急軍は数年にわたって彼の頭脳的ピッチングに悩まされることにな

る……〈後略〉

異彩を放つ大東京軍の誕生

田中斉の国民新聞による新職業団「大東京軍(52)」が設立されることが華々しく報じられている――連盟への創立登録日は二月十五日。新聞社を親会社にしているほかの球団、東京巨人軍、名古屋軍、名古屋金鯱軍についても、新聞というメディアをバックにして、いくぶん大仰な表現を用いながらも自らの球団についてファンや読者にその存在を大いにうったえかけようとしていた。さっそく記事をみてみよう（資料2―13）。

記事（資料2―13）内容の一部を記す。

全日本ファンの熱望期待の下に、創立を進められつ、あった職業野球団株式会社大日本野球連盟東京協会は、本社斡旋のもとに愈よ其の組織完了し二十三日発起人会を開催、こゝに名実共に天下無敵を誇る「大東京軍」が誕生した。而してこの第一次ベスト・メンバーを発表し得ることを最も欣快《きんかい》とする。参加選手中には今猶お在学中の関係上発表し得ざる名選手も多数あるが、いずれも神宮、甲子園球場に於いて全国野球ファンの血を沸かし、肉踊らした巨豪揃いである。全職業野球団の王座を目ざしてスタートする超弩級「大東京軍」は全選手結成の上来る三月一日より城西、板橋の専属球場に於いて練習を開始する。一方目下他チームとの試合スケジュールを作成中であるが、若き血潮と球熱とを沸騰させる試合こそ、日本野球六十年史にいまや画期的時代を作りつゝある職業野球史に一段の絢爛を加えることを確信してやまない次第である。願わくば躍進日本に誕生した巨豪「大東京軍」のために絶大なる援助と歓呼とを賜わらんことを！

役員

会長　宮田光雄[53]（元警視総監内閣書記官長）副会長　森岡二朗[54]（元内務省警保局長）副会長　長延連[55]（元警視総監）相談役　志岐守治[56]（陸軍中将　国民新聞社々長）……〈後略〉

超弩級選手を糾合
大東京軍・生まる
全職業野球團の
「王座へ躍進！」
役員
選手

[資料2-13] 昭和11年1月27日　国民新聞（国立国会図書館所蔵）

大東京は球団としては短命に終わったが、プロ野球の発展において陰ながら大いなる役割を果たしている。それは、田中斉の野球に対する、並々ならぬ信念と気概にもとづくものであった。彼は自分の仕事の片腕として鈴木龍二(57)を野球界に引き入れた。それも強引なかたちで。田中の強い信念と野望についてみてみることにしよう(58)。

……田中は、二つのリーグを考え、その一つを自分でまとめ上げる意気込みだった。それは、株式会社大日本野球連盟名古屋協会という。名古屋軍の会社の名前を見てわかることだ。東京協会を作り、北海道協会、新潟協会を作って、それを大リーグとし、その下に、ファームリーグを作る考えだった。田中は、それについて「アメリカのリーグのスタイルを理想像にえがいたわけだ。名古屋協会を中心にして、金沢、津、静岡、松本などにも、下部チームを作る考えだった」と、説明した。しかし、それは、結局、田中にとっては、見果てぬゆめにおわった。日本の球界事情は、そこまで、大きくなっていなかったということになろう。それでも、その努力は、国民新聞を背景に、東京協会としてみのり、大東京軍を実現させたのである。名古屋軍の友軍としての大東京軍は、血のつながりさえ持っていた。〈中略〉

大東京軍を編成するに当たっても、国民新聞の白井運動部長は、いろいろ、田中に進言した。そのチーム作りに当たって、最初世話係りとして登場し、代表になったのが、セントラルリーグ会長の鈴木竜二〔龍二〕である。名古屋軍が河野、池田の早大コンビであることから、大東京の中心は、慶応にして、やがては、プロ野球の早慶戦にしようとねらいをつけ、慶応の先輩、永井武雄(59)を監督にひっぱり出した。永井は、日本のベーブ・ルースとうたわれた、山下実(60)を看板にしてチーム作りをしようとし、くどきおとしに成功したが、惜しいところで、阪急にさらわれてしまった。それでも、水谷則一[61]ら慶大ＯＢをはじめ、日大の鬼頭数雄[62]を加えるなどして、一応のチームを作り上げたが、永井はチームを作り上げただけで辞任し、そのあとは、同じ慶応の伊藤勝三[63]が監督になり、水谷を主将として出発した。……〈後略〉

田中構想は東京と名古屋で「早慶戦」を行おうとするものであった。名古屋軍（名古屋）での早大の布陣にたいして、大東京軍（東京）では慶大の布陣で――実際に名古屋軍の河野（総監督）と池田豊（監督）は早大ＯＢ、大東京軍の永井武雄（監督）は慶大ＯＢであった。田中は、名古屋でのチーム編成実務を河野安通志に任せる一方、東京での現場を担う人材として、かつての部下であった鈴木龍二に白羽の矢を立てた。当時のいきさつについて、鈴木はつぎのように回想している[64]。

> そこで、野球にはしろうと〔傍点原文〕のぼくが、なぜプロ野球に関係するようになったかといえば、昭和十年暮れのある日　国民新聞社主幹の田中斉から、ぼくのところへ「至急会いたい」と使いがきた。
>
> 田中斉は、明治大学の教授で、名古屋の新愛知新聞の重役だ。新愛知から、国民新聞へ乗り込んできた人だ。国民新聞は徳富蘇峰が退陣してから、徳富さん以来の本流が失われ、当時の新愛知が資本攻勢をかけてきていた。その代表が田中斉だ。ぼくは徳富さん以来の伝統が失わ

れ、新愛知新聞の支配下に入るのが気にいらず、辞表を叩きつけて、国民新聞を辞めた。……

〈中略〉

ぼくは田中斉に辞表を叩きつけて、辞めた男だ。その男から使いがきた。なにごとかと思って、とにかく国民新聞社へ行って、一応田中斉に会った。会うといきなり「鈴木君、きみ職業野球をやってくれ」と、藪から棒に切り出された。これには、ぼくは仰天した。野球というものについて、ぼくはなんら興味を持っていないし、知識もない。早慶戦くらいは知っているが、職業野球などというのは、初めて耳にすることで、なにをどうするのか、まるでわからない。「そんなものは、ぼくのうつわではない。せっかくだけれども、お断りする」と言うと、「いや、実はそうはいかんのだ。ぜひ君に出てもらわねばならん、宮田さんから、君をご指名なのだ」と、まさに寝耳に水の話だ。

宮田さんというのは、元警視総監の宮田光雄のことで、森恪《かく》の系統の人だ。ぼくは記者時代に非常に親しかった。夜中にふらりと訪ねて行っても、出入り御免で話ができるくらい、実に親しい間柄だった。この宮田さんが「鈴木を専務に持ってくるなら、オレが会長になってもいい」という条件付きだ。君をご指名なんだというのである。どうして、元警視総監の宮田光雄が出てきたかといえば、当時できた読売新聞の巨人軍は、郷誠之助[65]とか、小林一三とか、後藤圀彦[66]とかいう財界の人たちをバックにして作った。財界の主だった人たちを、後援者にして作ったのが巨人軍だ。

それから、まもなくできたセネタースは、その名のとおり、貴族院の重鎮の有馬頼寧を中心にして作った。有馬さんの弟の安藤信昭も子爵で貴族院議員だ。夫人は閑院宮のお嬢さんで、明治天皇の孫にあたる。当時としては、いわゆるやんごとなき方だ。そういう人が、セネタースの副総裁になる。セネタースは、貴族院をバックにしてやる。巨人軍は財界がバックだ。「よし、それでは、うちは官界をバックにしてやろう」と、国民新聞が、読売に対抗して、プロ野球を作ろうとするとき、官界をバックにすることを考えた。そういう発想から、宮田光雄に白羽の矢が立てられ、宮田さんの指名で、ぼくのところへ全く畑違いのプロ野球の話が、持ち込まれたという次第だ（傍点原文）。……〈後略〉

田中構想は三つの新聞社を前提に二つのベクトル軸を立てている。一つは、先述の、名古屋と東京での「早慶戦」。田中は、新愛知新聞と国民新聞の主幹兼編集局長で、かつ、それぞれの球団（名古屋軍・大東京軍）の事実上のオーナーであった。それゆえ大東京軍の監督人事や選手編成は、鈴木龍二をつうじて田中の意向を反映できるものであった。二つ目の対立軸としてもうけたのは、東京エリアにおけるものであった。すなわち、国民新聞（田中）と読売新聞（正力）である――球団としては大東京軍対東京巨人軍。財界をバックにした巨人軍にたいして大東京軍は官界の大物をすえている。

大東京軍は有望な選手をひろく募るため、一月二十七日付の新愛知新聞および国民新聞それぞれ

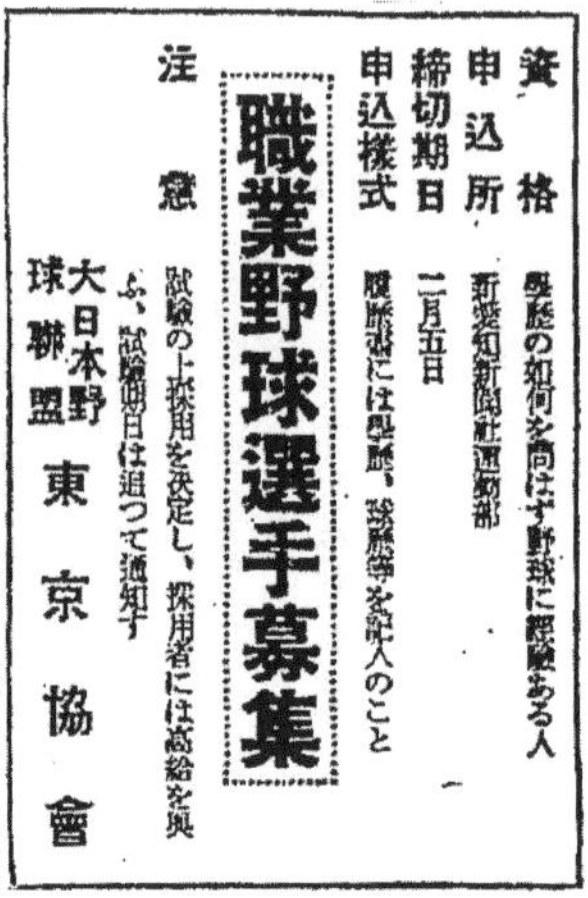

職業野球選手募集

資格　學歴の如何を問はず野球に經驗ある人
申込所　新愛知新聞社運動部
締切期日　二月五日
申込樣式　履歴書には學歴、球歴等を記入のこと
注意　試驗の上採用を決定し、採用者には高給を與ふ、試驗期日は追つて通知す

大日本野球聯盟　東京協會

[資料2-14] 昭和11年1月27日
新愛知新聞(鶴舞中央図書館所蔵)

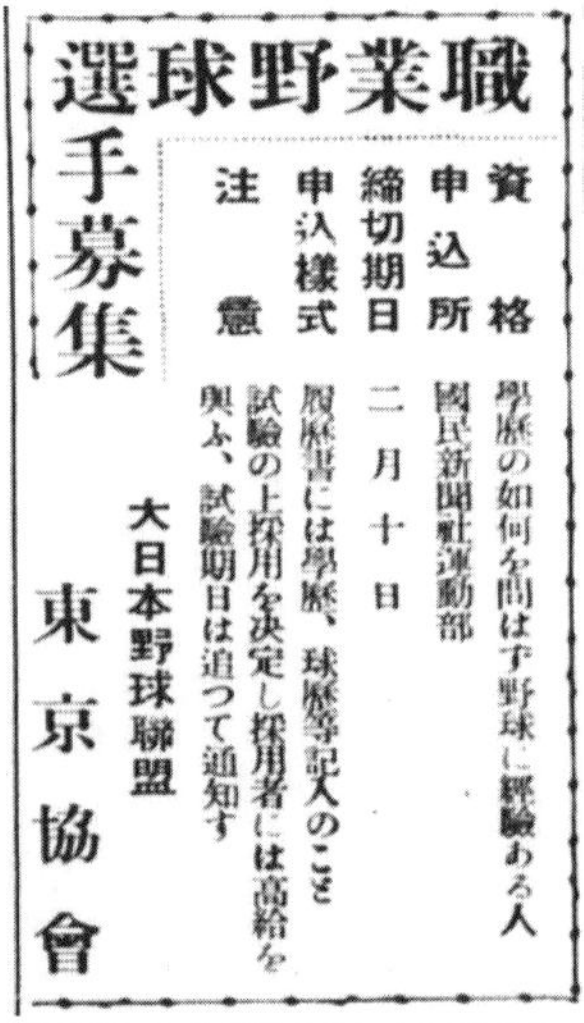

職業野球選手募集

資格　學歴の如何を問はず野球に經驗ある人
申込所　國民新聞社運動部
締切期日　二月十日
申込樣式　履歴書には學歴、球歴等記入のこと
注意　試驗の上採用を決定し採用者には高給を與ふ、試驗期日は追つて通知す

大日本野球聯盟　東京協會

[資料2-15] 昭和11年1月27日
国民新聞(国立国会図書館所蔵)

に、「大日本野球連盟東京協会」として選手募集の広告を掲載した（資料2―14、2―15）。その募集締切りは、名古屋では二月五日、東京では二月十日であった。選手を公募のかたちで集めようとする企ては田中の目論みであり、すでに前年の師走の半ば、名古屋軍（新愛知新聞）が実施したものを踏襲している（資料1―18参照）。

正力松太郎の構想では、大阪と名古屋に二球団ずつ職業チームを発足させ、東京においても、巨人軍のほかにもう一チームが生れることを期待し、有馬頼寧らにはたらきかけて紆余曲折のうえ東京セネタースが設立された。ところが、正力にとっては意外なことに、「大東京」という自らが関知していない職業団が生れてしまった。大阪や名古屋のことは万事計画通りに進んでいたが、おひざ元の東京では予期せぬことが起こっていた――田中斉にとっては正力松太郎とは別の野球リーグ構想を抱いていたので、それを実行に移したまでのことであった。読売新聞の見出し――「東京に又一つ」――の立てかたひとつとっても、その狼狽ぶりがうかがえる（資料2―16）。

記事（資料2―16）内容を記す。

職業野球団抬頭の波に乗って東京に又一つ、大日本野球連盟東京協会「大東京軍」の誕生を見た、これは貴族院議員宮田光雄氏を会長とし国民新聞社長志岐守治氏を相談役に、元慶応投手永井武雄氏を監督とするチームで慶應全盛時代の名選手を中心に大学、中等学校の選手を獲得して一チームを結成し三月上旬から板橋専属球場に於て猛練習を開始することゝなり去る二十三日創立総会を行い二十六日左の如く役員並に第一次選手発表を行った

会長　宮田光雄△副会長　森岡二朗、長延連△相談役　志岐守治△監督　永井武雄（元慶應投手）△選手　伊藤勝三（前慶應捕手）堀達治[67]（前慶應外野手）水谷則一（前慶應外野手）

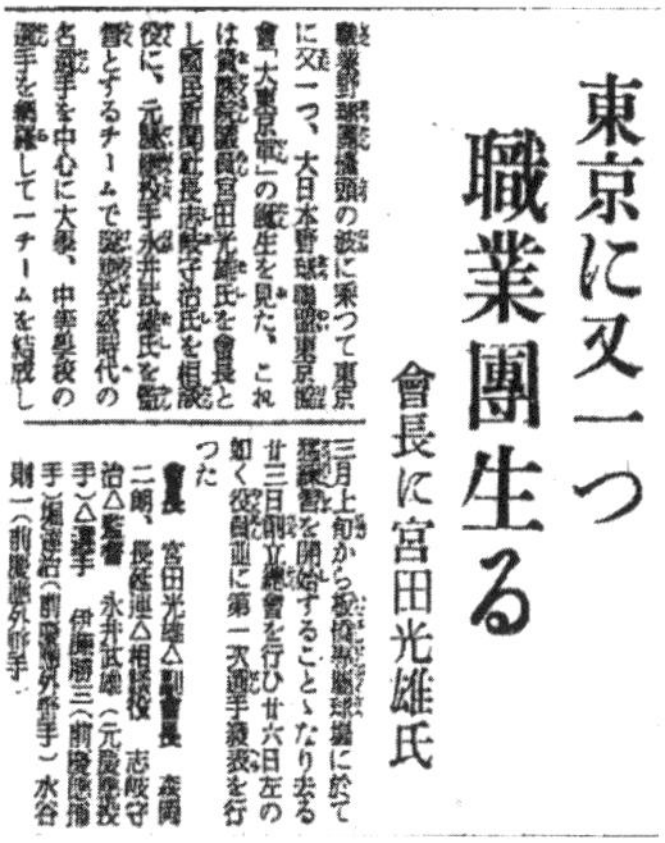
東京に又一つ
職業團生る
會長に宮田光雄氏

職業野球團擡頭の波に乘つて東京に又一つ、大日本野球聯盟東京協會「大東京軍」の誕生を見た、これは貴族院議員宮田光雄氏を會長とし國民新聞社長志岐守治氏を相談役に、元慶應投手永井武雄氏を監督とするチームで慶應全盛時代の名選手を中心に大學、中等學校の選手を網羅して一チームを結成し三月上旬から板橋專屬球場に於て猛練習を開始することゝなり去る廿三日創立總會を行ひ廿六日左の如く役員並に第一次選手發表を行つた

會長　宮田光雄△副會長　森岡二朗、長延連△相談役　志岐守治△監督　永井武雄（元慶應投手）△選手　伊藤勝三（前慶應捕手）堀達治（前慶應外野手）水谷則一（前慶應外野手）

［資料2-16］昭和11年1月27日 読売新聞

球界待望の初の職業野球戦

新年早々の一月九日付読売新聞は、「金鯱軍の陣容決定　巨人軍と送別試合　最初の職業野球戦」の見出しの記事でプロ球団同士の試合が近く行われる旨予告されていた（既出、資料2―1）。それから約三週間たったのち、主催者の名古屋野球倶楽部（名古屋金鯱軍の会社名）は名古屋新聞後援のもと、東海の野球ファンに具合的な開催内容を告げた（資料2―17）。

東京巨人軍と名古屋金鯱との対戦は初めてずくめであった。「鳴海球場の送別シリーズは、日本で最初のプロ・チーム同士の試合[68]であったばかりではなく、金鯱軍としては、おひろめ興行でもあったので、親会社の名古屋新聞が、最大級の扱いで、紙面をかざったのは、当然であった。新聞ばかりではない、NHK第二放送も、CK管内だけではあったが実況放送を行った。だから、ラジオのスポーツ放送史の上でも、記録的なものということができよう[69]」。

名古屋新聞は、日本の野球史上、記念すべき試合について大々的に書き記している（資料2―18）。実際、この歴史的対戦は、二月九日から十一日までの三日間、名古屋の鳴海球場で行われた

[資料2-17]昭和11年1月28日
名古屋新聞（鶴舞中央図書館所蔵）

［資料 2-18］昭和 11 年 1 月 28 日夕刊　名古屋新聞（鶴舞中央図書館所蔵）

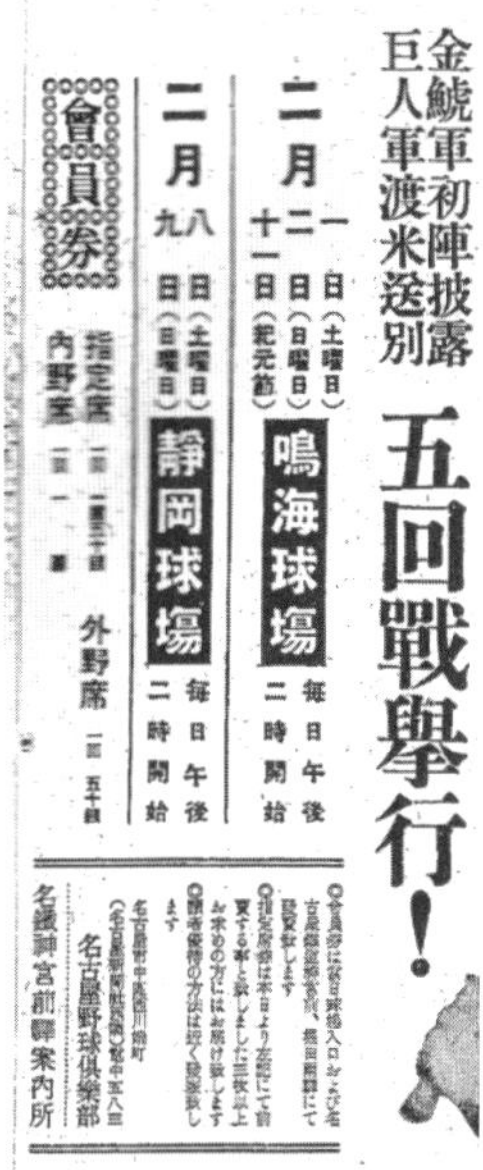

［資料 2-19］昭和 11 年 1 月 29 日　名古屋新聞（鶴舞中央図書館所蔵）

のであるが、当初の予定は、資料2―17、2―18、2―19が示すように、二月一日から五試合が組まれていた――二月一、二、十一日（鳴海球場）、二月八、九日（静岡球場）。

巨人軍静岡合宿での不協和音

名古屋金鯱は名古屋で準備する一方、巨人軍は静岡でトレーニングを積むため静岡市の大東館に合宿していた（資料2―20）。

記事（資料2―20）内容の一部を以下記す。

待望の嵐のうちに初陣の金鯱軍とわが国最初の職業野球試合を決行する東京巨人軍

満々たる闘志に
張り切つた巨人軍
晴れの日待たれる　静岡の合宿練習

[資料 2-20] 昭和 11 年 1 月 28 日夕刊　名古屋新聞（鶴舞中央図書館所蔵）

△監督 市岡、浅沼△投手 澤村、青柴、畑福△捕手 倉、中山、内堀△一塁手 永澤△二塁手 津田△三塁手 水原△遊撃手 田部△外野手 中島、新富、山本の全軍は去る十五日以来静岡市大東館に合宿し静岡球場に猛練習を展開し名にし負う巨人軍の興隆をこの一戦に賭して晴れの試合の日を待っている……〈後略〉

わが国初のプロ同士の試合、そして、二回目の巨人軍の米国遠征にむけての壮行試合といった晴れ舞台をまえにして、外面的な華やかさとは裏腹に、巨人軍の内部は不穏な空気につつまれていた。選手たちと首脳陣との対立である。正力松太郎の威光を背にして専横的になっていた市岡忠男氏にたいして、水原茂選手、田部武雄選手による反旗であった。それは、かねて、不満をつのらせながらも口をつぐんでいた個々の選手たちをも巻き込んだ一大騒動に

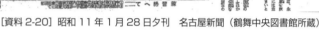

なった。その後、後味の悪い決着をみたあと、長いあいだ、巨人軍の士気の低下と戦力の弱体化をまねくことになった。関係資料をひも解いてみる(70)。

昭和十一年二月十二日、浅沼監督ひきいる巨人軍は横浜港から、第二回目のアメリカ遠征に向け出発した。その直前、浅沼監督の退陣と、三宅監督と苅田の復帰を求める、連判状事件が起きた。中心になったのは水原と田部の二人だった。もしこの条件が呑めなければ、アメリカ遠征は拒否する、という強硬な要求だった。他の選手たちもこれに同調し、連判状に署名しなかったのは、巨人軍入りの際、市岡に特段の恩義を感じていた、〝日本プロ野球第一号選手〟の山本栄一郎(71)だけだった。

この内紛が表面化するにいたったのは、錯綜した人間関係に起因している。その中心人物は、巨人軍総監督の市岡忠男氏だった。市岡は、球団創立後のチーム編成・人事を一手に引き受け、いわば、巨人軍というチームを実質的に運営していた——後ろ盾になっていたのは、もちろん、正力松太郎であった。基本的に、静岡での内紛は、選手たちの市岡氏や浅沼氏にたいする不満——球団の選手処遇への不満も含む——が、表面化したものであった。一般に、事態の悪化をひき起こす要因として、内面的なものと外面的なものがある。内面的なものとしては、人間の性格が合うか合わないかというメンタルなものがひそんでいる。また、外面的なものとしては、組織内での処遇、具体的には報酬や手当てなどの金銭にかかわることや身体的な扱いを含んでいる。巨人軍のこの内紛は、前者、すなわち、人間の感情的なもつれが根底にあって、後者は事態を表面化させる実質的な引き金となった。

順序として、東京巨人軍草創期の中心選手と市岡氏との関係からみていこう。巨人軍といえども、当時は、職業野球は、世間から、海とも山ともつかないものとしてみなされており、有望な選手をスカウトすることは容易ではなかった。そこで、早大出身の市岡忠男総監督と、慶大出身の三宅大輔監督がそれぞれの後輩を中心に声をかけていた。選手契約第一号は三原脩（早大出）、二番目は、法大出身であるが、華麗な守備でスター顔負けの二枚目ぶりで人気の高かった苅田久徳、三人目は中島治康（早大出）、いずれも市岡が入団をうながした選手たちであった。一方、三宅大輔監督（慶大出）のうごきについてみてみたい(72)。

慶大を卒業後、満洲の奉天日満クラブという社会人チームにいた水原茂を口説いたのは、慶大野球部の大先輩にあたる三宅大輔だった。三宅は朝鮮、満洲へのスカウトの旅の途中、門司に立ちより、明治大学を卒業後、門司—折尾間の九軌鉄道に勤務していた田部武雄も口説いた。

〈中略〉

改札口で切符を切っている田部に、三宅がプロ球団入りをすすめると、田部は、

「市岡さんって人は好かないから、勘弁してくれ」

と言った。田部は昭和六年の日米野球に参加し、総監督をつとめた市岡の性格をよく知っていた。三宅がそれでも、「ゲームについては僕が一任されているから」と口説くと、「そうまでおっしゃるなら、貴方が監督をなさる間だけ、お手伝いしましょう」と、ようやく重い腰をあげた。

このときの田部の予感はまもなく現実のものとなった。市岡の狷介《けんかい》な性格と策謀家的体質は、多くの巨人軍選手との間に溝をつくり、巨人軍内紛劇の最初の導火線となった。

人間の根本の性質はなかなか変わるものではない。市岡の特質は、自分より下の人間には、とくに厳しく現われた。東京巨人軍の第一回米国遠征――昭和十年二月十四日~七月十六日（団長は市岡忠男）――では、選手たちには多くの負担が強いられていた。それが、今回の内紛劇の直接的な引き金となった。

選手たちの鬱憤の直接の原因は、総監督の市岡が、帰路予定されていたハワイでのゲーム日程調整のため一行と別れ、一足先にハワイに向かい一ヵ月もホノルルの高級ホテルに滞在したことだった。

アメリカの名前も知らない田舎町で、列車の最後の一輛だけを切り離され、そこをホテルがわりにしていた選手たちからすれば、市岡だけがいい思いをしていると映ったのはごく自然の感情だった。

市岡批判の急先鋒は、苅田、田部、水原の三人だった。彼らはいずれも、遊び好きで、野球さえしっかりやればあとは個人の自由だと考える職人肌でウマがあい、そもそも謹厳実直な市岡とは、元々ソリがあわなかった。

衝突のきっかけは些細なことだった。三人がホテルの一室でトランプをやっていたことが発端だった。市岡は三人を、集団行動を乱したといって怒鳴りつけ、監督の三宅にも管理不十分と厳重注意した。だが、試合以外は選手の自覚にまかせるというのをモットーとしていた三宅は、スポーツは精神修養のための団体ではないと一蹴して、まったくとりあおうとしなかった。これが、彼ら三選手と監督の三宅がその後巨人軍を解任される伏線となった。

〈中略〉

巨人軍はアメリカ遠征から帰国後、国内各地を転戦し、社会人チームと対戦したこのゲームで、三六勝三敗一分けという好成績を残したが、三宅はこのわずか三敗のため、巨人軍から突如、馘首〔かくしゅ〕をいい渡されることになった。三敗のうち二敗は、東京鉄道局・全大宮相手の二連敗だった。

藤本定義監督ひきいる東鉄チームに連敗したあと、三宅の姿はベンチから消えた。後任の監督に就任したのは浅沼誉夫だった。巨人軍の初代監督の三宅がわずか一年たらずで解任された裏には、アメリカ遠征中に表面化した市岡と苅田ら三選手との感情のもつれが尾を引いていた。

三宅が、彼ら三選手を結果的に擁護する立場をとったことが、突然の解任の本当の理由だった。市岡は三宅解任の前に、苅田の退団も申し渡していた。

苅田は、同じ法政出身で天勝野球団に入った中野英治[73]と似た、〝不良〟の匂いのする選手だった。苅田の退団は、巨人軍の歴史から〝遊び人〟の系譜を排除し、「巨人軍は紳士たれ」というモットーを生む下地ともなった[74]。

この苅田の退団と三宅の解任は、翌年の二回目の米国遠征まえの静岡合宿で「連判状事件」で表面化したのであった。選手たちの批判の矛先は市岡氏だけにとどまらない。三宅大輔の後任の浅沼誉夫への反感も表面化した[75]。

水原と田部が、三宅と苅田の復帰を求めたのは、苅田とは肌があい、また二人とも三宅に口説かれて巨人軍入りしたという個人的な感情のせいだけではなかった。彼らは、二代目監督の浅沼に抜きがたい不信感をもっていた。

浅沼は万事精神主義で、突然、オレについてこいと号令をかけ、ドテラのすそをまくりあげ、全員に鉢巻きをしめさせて、合宿所から夜中のランニングをさせるような人物だった。

この事件の決着は結局、正力の裁定にまかされることになった。

「巨人軍は市岡にまかせてあるのだから、市岡の承諾してやることならやむをえまい」というのが正力の裁定だった。このひと言でトラブルはひとまず収拾し、田部、水原もアメリカ遠征に向かうことになった(76)。

戦時体制への道（3）日米それぞれの「五ヶ年計画」

昭和六年の満州事変勃発以降およそ「五年」という単位で時代を切りとることができそうだ――昭和六年～十一年、十一年～十六年（日米開戦）、十六年～二十年。その意味で、昭和十一年は、つぎの五年、十年先を見こした戦略がたてられる重要な区切りの年であった。日本は満州の地においての「五ヶ年計画」を、米国は（来るべく戦争に備えてか）空軍の拡張を企てる「五ヶ年計画」をつくって着々とすすむべき道を歩んでゆく。それを伝える記事を示す。それぞれの見出しは、「満州国五ヶ年計画　更に第二期へ」（資料2―21）、「米空軍の大拡張　戦闘機四千台建造　五ヶ年計画案成る」（資料2―22）である。

滿洲國五ヶ年計畫
更に第二期へ
全滿領事會議　南大使方針闡明

[資料2-21] 昭和11年1月30日　新愛知新聞（鶴舞中央図書館所蔵）

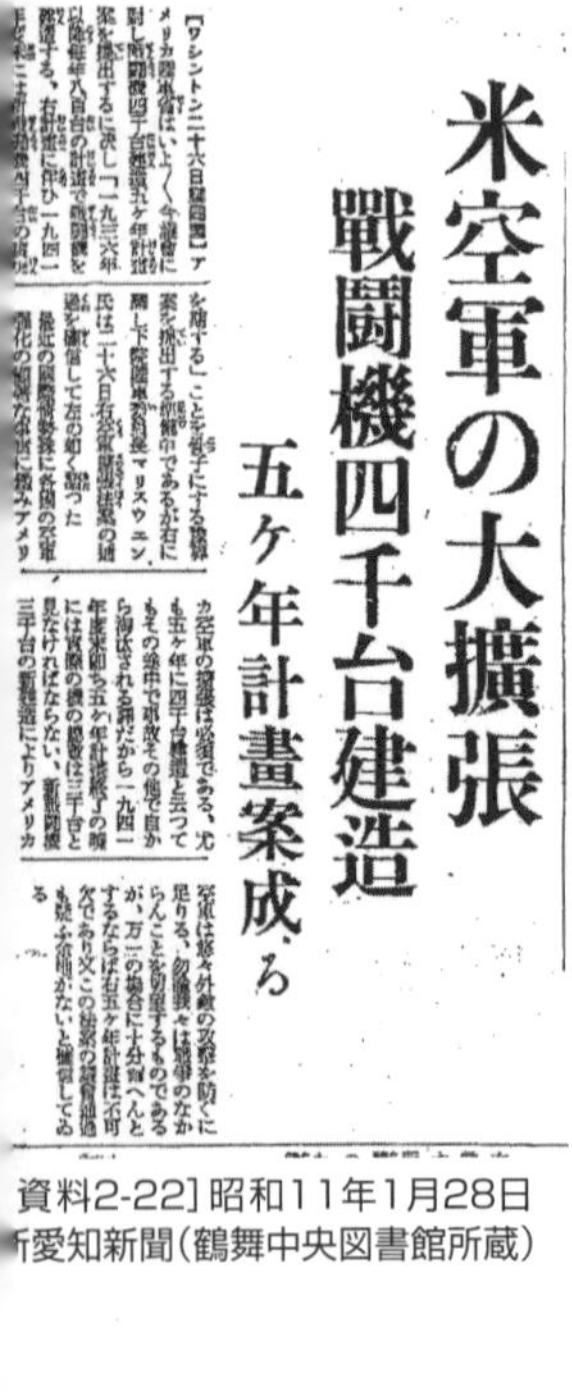
米空軍の大擴張
戰鬪機四千台建造
五ヶ年計畫案成る

[資料2-22] 昭和11年1月28日　新愛知新聞（鶴舞中央図書館所蔵）

季節の風景（1）節分

季節はすすみ二月にはいった。正月につづいての年中行事、節分の時季だ。むかしの街の情景の一断面を垣間みることのできる記事を紹介しよう（資料2―23、見出し「あすは節分」）。記事（資料2―23）内容を記す。

街に〃お化〃氾濫　〃春立つ〃喜び

あすは節分

街に〃お化〃氾濫

〃春立つ〃喜び

［資料2-23］昭和11年2月3日　新愛知新聞（鶴舞中央図書館所蔵）

あすは節分——香炷《た》いて心早春の野に在りぬ　月斗(77)——ではないが暦の上では立派な春だが今年は暖かい名古屋地方には稀らしく雪また雪と街には残雪が冷たく凍てついているがネオンの下、柳暗花明(78)の巷にはもう二月ごろから少女の大丸髷、老女の桃割容《すがた》(79)などお化婆がチラホラ〳〵見受けられたが、今年の恵方は笠寺観音で、市営電車、バス、その他のバス電線では開運厄除けの節分詣で客輸送のため準備をおさ〳〵怠りない

時代の情景（2）全国各地で暴風雪被害

昭和十一年の冬は、太平洋側でも記録的な降雪に見舞われた。名古屋一帯は、巨人軍対金鯱軍の試合を目前にひかえて野球の試合（於鳴海球場）を開催できる状況ではなかった（資料2―24）。「東海道線のダイヤ大混乱に陥る！」「国鉄未曽有の雪禍」「富士〔特急列車〕も立ち往生」「帝都禁足禍」などの見出しが示しているように降雪の程度は尋常なものではなかった。新聞記事には「百年振りの大雪」の言葉が使われている（資料2―25、見出し「百年振りの大雪に各工場も休業！」「交通杜絶し燃料食糧等も欠乏」「越後地方恐怖の白禍」）。この稀にみる豪雪は近く起こるであろう不吉な出来事の前兆のようである。また、そのころ岡田啓介首相は衆議院を解散（一月二十一日）し総選挙（二月二十日投票）(80)に打ってでていた。この年の二月は政治的なエネルギーが高まっていた。そして、二月二十六日早朝の帝都で……。

記事（資料2―24）内容の一部を示す。

北陸方面にあくなき猛威をふるった近年未曾有の白魔は遂に全国的にその猛威を押しひろげ、何十年来の暴風雪は東京、名古屋、大阪と各大都市にまで驚くべき大被害を与え、国鉄の大動脈東海道線もこの暴風雪の魔力の前に屈服しダイヤは大混乱を来し、各大都市の連絡は全く途絶しこの戦慄の白魔のあくなき魔力は何処までも伸びてゆく？…。

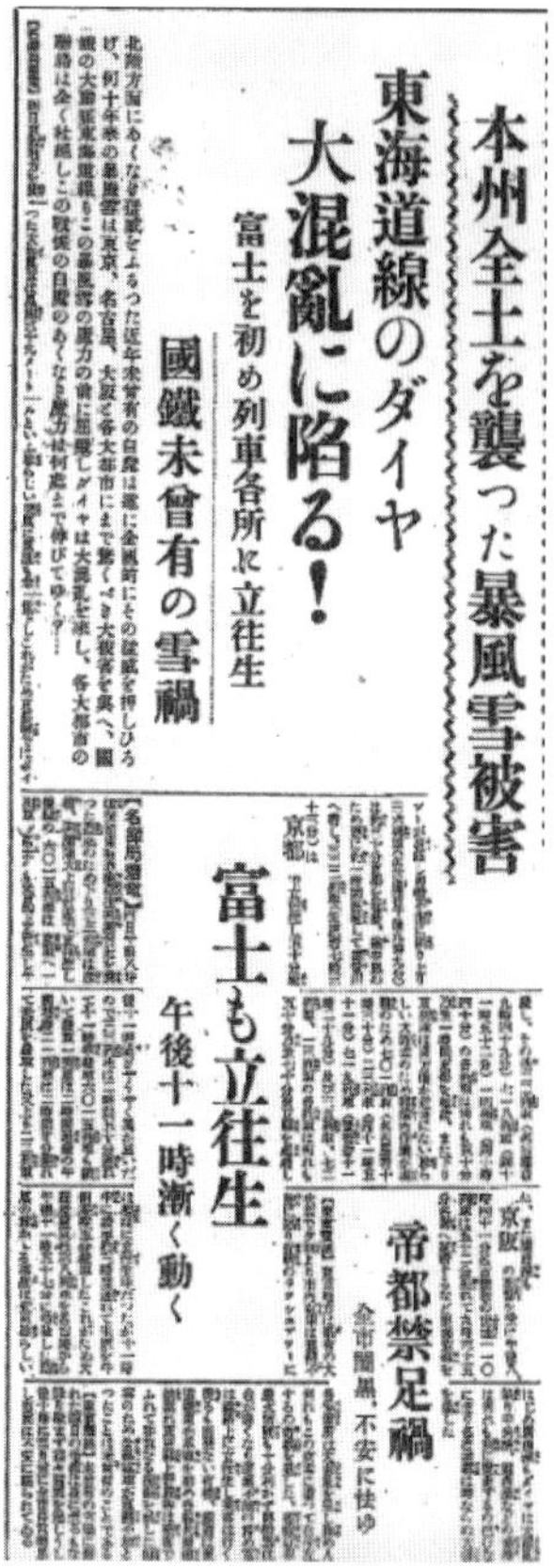
本州全土を襲った暴風雪被害
東海道線のダイヤ
大混亂に陥る！
富士を初め列車各所に立往生
國鐵未曾有の雪禍
富士も立往生
午後十一時漸く動く
帝都禁足禍
全市闇黒、不安に怯ゆ
［資料2-24］昭和11年2月5日　新愛知新聞（鶴舞中央図書館所蔵）

もうひとつの記事（資料2―25）内容の一部を示す。

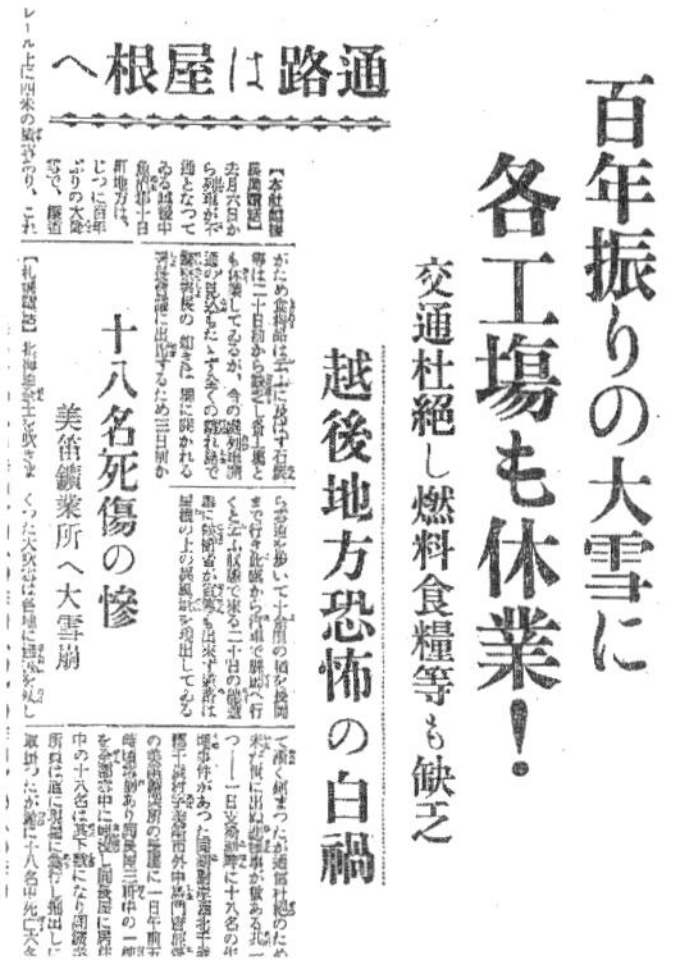
通路は屋根へ
百年振りの大雪に
各工場も休業！
交通杜絶し燃料食糧等も缺乏
越後地方恐怖の白禍
十八名死傷の惨
［資料2-25］昭和11年2月4日　新愛知新聞（鶴舞中央図書館所蔵）

【本社越後長岡電話】去月六日から列車が不通となっている越後中魚沼郡十日町地方では、じつに百年ぶりの大降雪で、鉄道レール上に四米の積雪あり、これがため食料品は云うに及ばず石炭等は二十日前から欠乏し各工場とも休業しているが、今の処《ところ》列車開通の見込もたゝず全くの離れ島で警察署長の如きは県に開かれる署長会議に出席するため三日前から雪道を歩いて十余里[81]の道を長岡まで行き此處《ここ》から汽車で県庁へ行くと云う状態で来る二十日の総選挙[82]に候補者が宣伝も出来ず道路は屋根の上の異風景を現出している……〈後略〉

戦時体制への道（4）国防と総選挙

岡田首相が「粛正選挙」と銘打った総選挙に際し、陸軍は「国防と総選挙の関係」を説いて（資料2―26、見出し「郷軍[83]三百万を通じ国民大衆に粛選強調」）、積極的に政治に関与する契機となる様相を呈していた。

また、地方においては政府の意向を受けて「粛正選挙」の趣旨を有権者に伝えようと工夫をこらしている。それは市当局から各種団体へ、組織から個人へと伝えられていくものであったが、重要なことは、むしろ、お上の意向に従っていることを可視化していくことそのものの行為にあるように思われる。滑稽のようにみえるが、地方でのひとコマを資料2―27（記事見出し「珍案名案「街に氾濫する粛正の一色」「粛正風呂や御料理等々　愈よ本格的粛正運動」）からみてみたい。

記事（資料2―27）内容の一部を記す。

選挙粛正もありふれた粛正運動では食傷にかゝった気味のある市民の関心を呼び起すのに十

鄕軍三百万を通じ
國民大衆に肅選强調
國防と總選擧の關聯を說き
陸軍積極的に乘出す

在滿將士を案じて
よき戰士を選出せよ
陸軍パンフレット內容

［資料2-26］昭和11年2月5日　新愛知新聞（鶴舞中央図書館所蔵）

分でないなんとか新機軸を発見したいと熟考中の名古屋市選挙粛正委員会では八日に至り市民をあっと思わせる名案珍案が出来上がりほゞ実行化の運びに至ったのでこれを発表した、即ちこれによると本家本元である名古屋市役所の食堂で十日から粛正弁当を売出すのをトップとして松坂屋ではウインドウを提供して粛正凧を陳列し同食堂では粛正ランチ、弁当、寿司を売出し包装紙には粛正の文字を折込みスタンプをも捺印する、更に菓子業組合では粛正パン、おこし、菓子を一斉に近く売出し……

〈後略〉

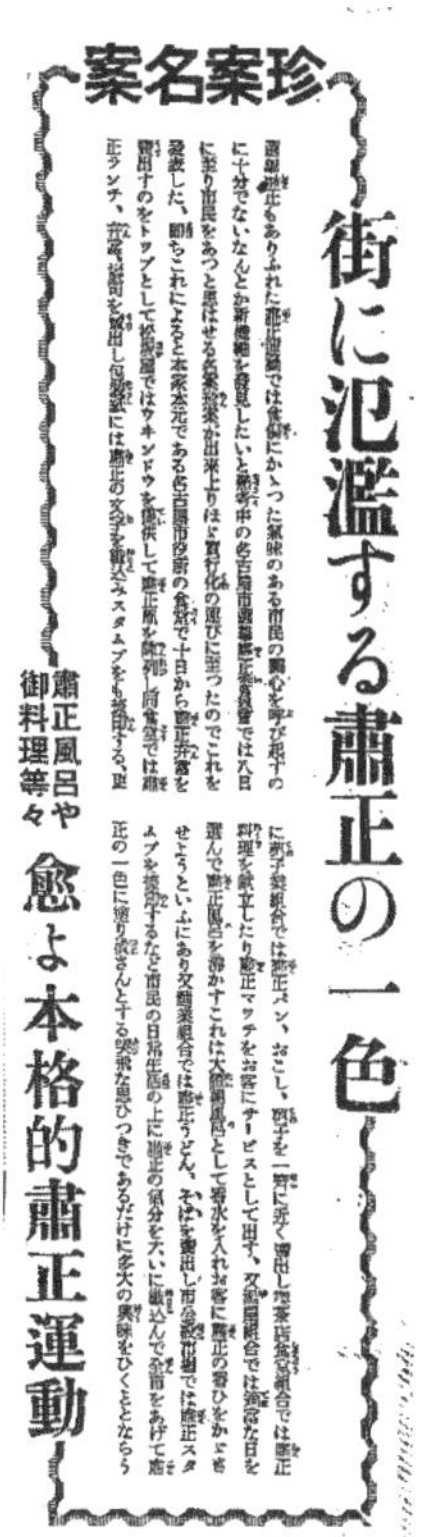

珍案名案

街に氾濫する肅正の一色

肅正風呂や御料理等々　愈よ本格的肅正運動

選擧粛正もありふれた粛正標語では食傷にかゝつた氣味のある市民の關心を呼び起すのに十分でないなんとか新機軸を發見したいと熟考中の名古屋市選擧粛正委員會では八日に至り市民をあつと思はせる名案珍案が出來上りほゞ實行化の運びに至つたのでこれを發表した、即ちこれによると本家本元である名古屋市役所の食堂で十日から粛正弁當を賣出すのをトップとして松坂屋ではウキンドウを提供して粛正凧を陳列し同食堂では粛正ランチ、弁當、壽司を賣出し包裝紙には粛正の文字を織込みスタムプをも捺印する、更に菓子業組合では粛正パン、おこし、菓子を一齊に近く賣出し喫茶店組合では粛正料理を獻立したり粛正マッチをお客にサービスとして出す、又湯屋組合では適當な日を選んで粛正風呂を沸かすこれは大根葉風呂として香水を入れお客に粛正の香ひをかゞせようといふにあり又麵業組合では粛正うどん、そばを賣出し市公設市場では粛正スタムプを捺印するなど市民の日常生活の上に粛正の氣分を大いに織込んで全市をあげて粛正の一色に塗り潰さんとする突飛な思ひつきであるだけに多大の興味をひくことならう

［資料2-27］昭和11年2月9日夕刊　新愛知新聞（鶴舞中央図書館所蔵）

いよいよ決行！巨人軍対金鯱軍

野球の話にもどろう。大雪のため、名古屋新聞社と名古屋野球倶楽部（＝名古屋金鯱軍）は、当初の計画を大幅に変更せざるをえなかった。「巨人軍渡米壮行試合・金鯱軍の初お披露目試合」の日程を作りなおす必要にせまられた。そこで、一週間順延して二月八日から鳴海球場のみで行うことになった。新たな日程の広告を資料2―28に示す。また、あらためて野球ファンにむけて球趣をそそる記事がみられた（資料2―29、見出し「試合延期の失望を補って余りある変更」「巨人軍対金鯱軍最初の三回戦　大試合愈よ迫る！」）。

ところが、予定されていた二月八日の第一戦は、またもや天候不順に見舞われグラウンド状態不良のため無情にも順延となった。巨人軍対金鯱軍戦が、度重なる延期と日程変更を余儀なくされたことは、職業野球が、まさに産みの苦しみを体現しているかのようであった。翌日、こんどこそと意気込んで、歴史的一戦と銘打った試合を実現したいという願いを込めて、後援の名古屋新聞社の記事が載せられた（資料2―30、見出し「金鯱勝つか、巨人か　きょう待望の開戦」「見よ！鳴海球場の歴史的壮観」「球界に湧

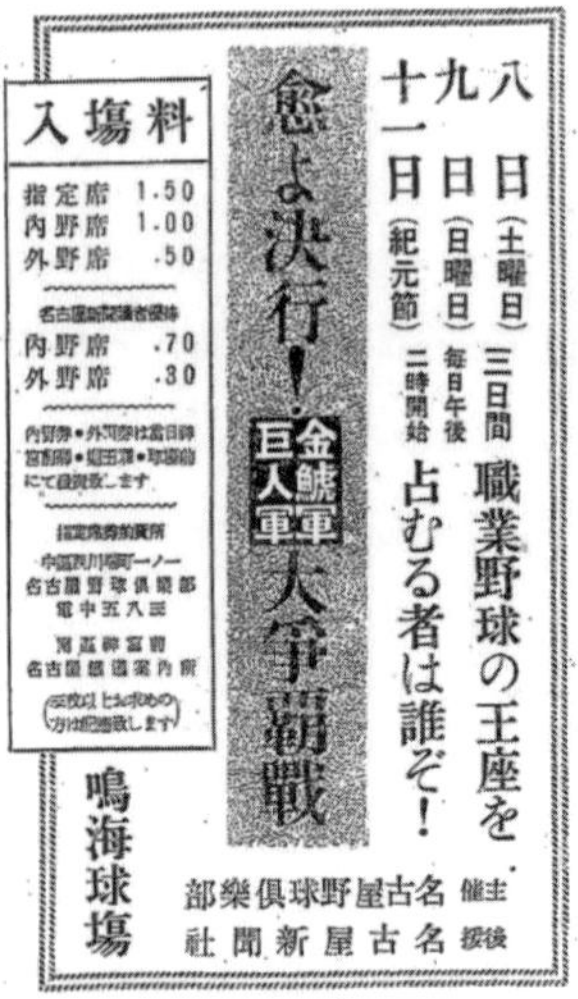

[資料2-28] 昭和11年2月6日
名古屋新聞（鶴舞中央図書館所蔵）

く興奮の声」)。

記事（資料2—30）内容を記す。

待望の日本最初の職業野球戦としてます〳〵灼熱化したる興奮の裡にある本社後援名古屋野球倶楽部主催東京巨人軍対名古屋金鯱軍三回戦の第一日は八日挙行の筈のところ不幸にも降雨に見舞われてまたも中止のやむなきにいたったが期日を順延して、今九日午後一時から開会式、二時二十五分の始球式をもって鳴海球場に決行することに決定された、グラウンドコンディションは濡れて使用に不便を感ずる有様であるが本社では実現を期して九日午前中にガソリンをたき乾燥に努める等万全の策をとりファン

日本プロ野球史を飾る
超豪華の第一頁
試合延期の失望を
補つて餘りある充實
巨人軍對金鯱軍最初の三回戦
大試合愈よ迫る！
金鯱軍の巻
〝鳴海の雀はキミ
走壘が巧いね―と
獵銃肩にノホホンの岡田さん

[資料 2-29] 昭和 11 年 2 月 6 日夕刊　名古屋新聞（鶴舞中央図書館所蔵）

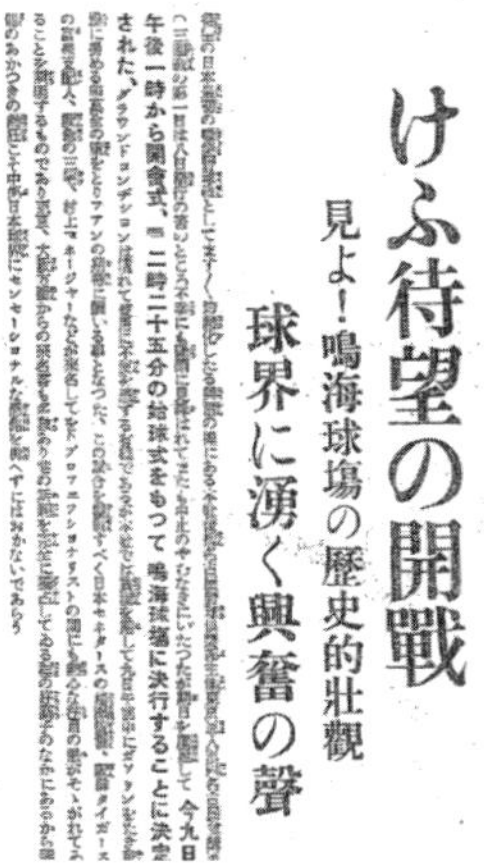
金鯱勝つか、巨人か
けふ待望の開戰
見よ！鳴海球場の歴史的壯觀
球界に湧く興奮の聲

[資料2-30] 昭和11年2月9日　名古屋新聞（鶴舞中央図書館所蔵）

		一	二	三	四	五	六	七	八	九	計
金鯱	失 敵	0	0	0	1	0	0	0	0	0	1
	死 四	2	4	2	0	1	1	1	5	2	18
	打 安	2	1	0	1	0	0	2	1	0	7
	得點	2	3	0	0	0	0	2	3	0	10
巨人	得點	0	0	0	3	0	0	0	0	0	3
	打 安	1	0	1	2	0	1	1	0	2	8
	死 四	1	0	0	2	2	0	0	2	0	7
	失 敵	0	0	0	0	0	1	0	0	0	1

［資料2-31］昭和11年2月10日　名古屋新聞（愛知県図書館所蔵）

の期待に酬いる事となった、この試合を観戦すべく日本セネタースの横澤監督[84]、阪神タイガースの富樫支配人[85]、阪急の三宅[86]、村上マネージャーなどが来名して……〈後略〉

果たして、野球史に刻まれる一戦は、二月九日に挙行された――試合当日も天候がすぐれず、ぬかるんだグラウンド上で決行された。先発投手は、巨人軍は青柴[87]（二回途中から沢村、八回から畑福[88]）、金鯱軍はスリム・平川[89]（七回から内藤[90]）。試合は、10対3で金鯱軍の勝利（資料2―31）、金鯱軍は打棒爆発し、青柴・沢村両エースをノックアウトした。

第二戦は巨人軍が8Ａ―3で初戦の雪辱をはたした。両チームの先発投手はつぎのようであった。巨人軍は第一戦目にひきつづき青柴が登板（勝利投手）、金鯱軍は金子[91]（初回無死満塁で古谷[92]に交代）。第二戦の模様を伝える記事（資料2―32、見出し「きょう第二回の大血戦」「金鯱軍の連勝成らず」「巨人軍雪辱す」「熱闘熱技に大観衆興奮」）を示す。

第三戦は巨人軍に凱歌があがった（スコアは4A―2、）資料2―33。先発投手は、巨人軍は沢村、金鯱軍は平川（六回途中で内藤に交代）。なお、二塁手として田部武雄選手――静岡合宿での首脳陣（市岡忠男総監督）との確執がその後も尾を引いていたのか、一、二回戦は「私事」のためチームから離れていたが初戦の敗北のあと急遽球団から呼び寄せられた――が出場して貴重な二塁打を放ち巨人軍の勝利に貢献した[93]。

けふ第二回の大血戦
金鯱軍の連勝成らず
巨人軍雪辱す
熱投熱技に大観衆興奮
巨人軍の猛打
四回に一擧四点を獲得

金鯱	010	001	010	3
巨人	101	410	10A	8A

金鯱軍（先）
巨人軍

[資料2-32] 昭和11年2月11日夕刊　名古屋新聞（鶴舞中央図書館所蔵）

東京巨人軍と名古屋金鯱軍との初試合の舞台となった記念すべき鳴海《なるみ》球場[94]は昭和三十三年に閉鎖さ

れ、翌年、名鉄自動車学校に生まれ変わり球場跡地には記念碑が建っている（資料2—34）。

名古屋金鯱軍は、第二次米国遠征をまえにした東京巨人軍との壮行試合の名誉ある対戦相手となった。名古屋におけるもうひとつの職業団、名古屋軍は現在中日ドラゴンズとして生きつづけている。かたや金鯱軍は、紆余曲折をへて、わずか八年間存続したにすぎなかった。中日球団史に金鯱軍の短い歴史について触れられている(95)。

名古屋金鯱軍のスタートは、このように、はなやかであった。チームには球界知名のスター

けふ雌雄を決す両球豪
若冠金鯱の奮戦空し
巨人軍に凱歌
鳴海球場鐵傘下の興奮

金鯱、後半の追撃
八回に二點を挽回

4A—2
金鯱 000 000 020
巨人 000 201 10A

巨人	打數	得点	安打	犠打	三振	四死	盗塁	刺殺	補殺	過失	殘壘
(二)田部	4	1	1	0	0	0	0	5	1	0	0
(遊)筒井	2	0	0	0	1	2	0	3	2	0	0
(三)水原	3	2	1	0	0	1	0	3	1	1	1
(右)中島	4	1	1	0	0	0	0	0	0	0	1
(中)林	3	0	2	0	1	1	0	2	0	0	1
(一)永澤	4	0	2	0	0	0	1	5	0	0	0
(左)山本	4	0	0	0	0	0	0	1	0	0	2
(捕)中山	4	0	1	0	0	0	0	7	1	0	2
(投)澤村	2	0	0	1	1	0	0	1	1	0	0
合計	30	4	8	1	3	4	1	27	6	1	7

金鯱	打數	得点	安打	犠打	三振	四死	盗塁	刺殺	補殺	過失	殘壘
(遊)濃人	2	0	0	1	0	1	0	0	6	0	1
(二)江口	4	0	0	0	1	0	0	7	3	0	0
(捕)岡田	3	0	1	0	1	1	0	5	2	1	2
(三)黒田	4	0	0	0	2	0	0	2	5	1	0
(右)三上	3	0	1	0	1	1	1	2	0	0	2
(一)安永	3	0	1	0	0	0	0	8	0	0	1
PH 島	1	0	0	0	0	0	0	0	0	0	0
(中)二出川	0	0	0	0	0	0	0	0	0	0	0
(左)高谷	3	0	0	0	0	1	0	0	0	0	0
(中)木下	2	0	0	0	1	0	0	0	0	1	0
(一)古谷	1	1	0	0	0	1	0	0	0	0	0
(投)中川	1	0	0	0	0	1	0	0	2	0	1
(投)内藤	2	1	1	0	0	0	0	0	0	0	0
合計	29	2	4	1	6	6	1	24	18	3	7

［資料 2-33］昭和 11 年 2 月 12 日夕刊　名古屋新聞（鶴舞中央図書館所蔵）

［資料 2-34］鳴海球場跡地・現名鉄自動車学校［名古屋市緑区鳴海町文木］（筆者撮影）

は少なかったが、名人岡田によってみがき上げられたために、日本職業野球連盟七球団のなかでダークホース的な存在であったのである。日本の非常時体制の進展にともなって、プロ野球界には、チームの興亡がくりかえされて、目まぐるしくなった。その余波を受けて、一九四一年（昭和十六年）の初め、西武電鉄のセネタースと合併して、新しく大洋軍[96]を作り、四二年には西日本鉄道に移って西鉄と改名し、四四年にはついにチームを解散した。戦後復活した中日ドラゴンズとは無関係である。

日本職業野球連盟発足

東京巨人軍が創立されて、唯一の職業野球団として国内外で孤軍奮闘、一年後に、巨人軍につづく職業団が大阪で誕生した（大阪タイガース）。年が明けた昭和十一年の初頭、タイガースを追うように五つの球団の結成の狼煙《のろし》が打ちあげられた。つぎに取りかかるべき仕事は、それらのプロ球団を糾合し、ひとつの組織体、つまり、連盟をつくることであった。まことに手際よく二月五日に日本職業野球連盟（現日本野球機構〔ＮＰＢ〕）が結成された（資料２―３５）。そこでの音頭取りは、やはり、巨人軍の人材が担うことになった。リーダーシップを発揮したのは市岡忠男であった。市岡は、二回におよぶ日米野球の開催の際、実務を取り仕切るとともに、かつては、日本においても職業野球を興すために仲間をつくり——鈴木惣太郎、三宅大輔、浅沼誉夫を入れたいわゆる「（先

三都七チーム一丸に「全日本職業野球聯盟」
巨人軍の歸朝を待つてまづ六月
結成記念の選手權試合
待望の職業野球リーグ戰
今秋九月愈よ開幕！
總裁に大隈侯
副總裁に安藤、松方兩氏

［資料2-35］昭和11年2月6日 読売新聞

行）四人組」――、正力松太郎らにかけ合った信念の男である。東京巨人軍の創立ののち、市岡は正力から巨人軍運営の全権をゆだねられ、職業野球界は彼を中心に回って行く。それは、より大きな文脈からみれば、正力による読売を中心とした、プロ野球リーグを構築することを意味していた――日本のプロ野球は、このように、最初に構築された巨人軍を「盟主」とするというＤＮＡが長く生きつづけることになる。

記事（資料２―３５）内容を以下に記す（傍点は中西）。試合日程にかんする決定や役員組織などが報じられている。

東京巨人軍の結成後僅か一年余にして帝都には東京セネタース軍、大東京軍、名古屋には金鯱軍、名古屋軍、大阪には大阪タイガース軍、阪急軍の七チームの組織を見て〝職業野球の絢爛時代来る〟を思わせている折から今回この七チームを打って一丸として別項の如く〝全日本職業野球連盟〟（略称全日本連盟または日本リーグ）が結成された、同連盟は毎年春秋二期にわたって東京、大阪、名古屋の三都市で米国の大リーグさながらの職業野球リーグ戦の豪華版を繰り展げることになったが、今春は既報の如く東京巨人軍が米国遠征で留守となるためリーグ戦は秋までに延期され、その代りとして四月下旬より五月下旬にかけて甲子園、横浜、名古屋、大宮、宝塚の各地で連盟主催の下に三十七試合を挙行、更に六月巨人軍の帰朝を待って連盟結成記念の全日本職業野球選手権大会を東京、大阪、名古屋でトーナメント方法によって開催、本格的なリーグ戦は九月から十一月にかけて前記の三都市五回戦の形式によって挙行することになった、また連盟の内容は今後の準備委員会によって着々充実をみるのであるが、連盟規約、連盟委員、総裁直属の審判団、公式記録者は来る二十五、六、七日に開かれる委員会に於て決定される筈で、形式、内容共に備わる連盟が日本の球界にその雄姿を現わすのもそう遠いことでない、この日本国内におけるリーグ戦は当然近き将来においていいいいいいいいいいいいいい米国の大リーグとの間に世界野球の争覇戦を約束する[97]のであるから新しく結成したこの連盟の今後はファンにとって非常な興味と期待がつながれている

「総裁に大隈侯[98]　副総裁に安藤[99]、松方[100]両氏　きのう創立総会で正式推戴」

全日本職業野球連盟創立総会は五日午前十時半から丸の内工業倶楽部において開催された、出席者は大隈侯、正力、後藤、市岡、安楽（巨人軍）安藤子、佐久間、佐藤、詫間、横澤、岬（セネタース）田中、鈴木、永井（大東京）水野、河野（名古屋）森、大宮、二出川（金鯱）

松方、富樫、吉江、田中、中川、森、若林（大阪タイガース）仁木、村上、三宅（阪急）の諸氏で市岡創立委員の経過報告ののち役員選挙に入り松方タイガース社長の提議により大隈候を総裁に推戴、次いで副総裁は大隈総裁の指名によって子爵安藤信昭（東京野球協会理事）松方正雄（大阪野球倶楽部会長）両氏の決定をみた、また連盟の規約その他は各チームより二名の準備委員を挙げることゝなり市岡、安楽（巨人軍）横澤、詫間（セネタース）鈴木、永井（大東京軍）岡田、大宮（金鯱軍）河野、田中（名古屋軍）富樫、田中（タイガース）三宅、村上（阪急）の諸氏に決定、ここに名実共に兼ね備わる〝全日本職業野球連盟〟の誕生を見た、次いで午後零時半から別室において日本野球界の大先輩、六大学連盟の首脳者並に各新聞通信社の運動記者諸氏三十余名を招待しこれが結成を発表した、……〈後略〉[101]

野球ファンにとって――とくに、東京に住むファンにとって――巨人軍のほかにプロ球団が続々と生まれてくるのは喜ばしいことであろう。学生野球もよいが六大学を卒業したスターが集まった職業野球団も面白そうだ。しかし、問題がある。いったいどこの球場で観戦したらよいのか。帝都でもっとも立派な球場は神宮球場であるが職業野球は「聖地」からまったく排除されている――当時、学生野球こそは正統な野球であり、職業野球は「見世物」「興業野球」「商売人」と揶揄される傾向にあった。東京巨人軍は、前年（昭和十年）秋の国内転戦における関東での試合会場は、横浜（神奈川）、谷津（千葉）、大宮（埼玉）の各球場を使用していた。東京市中では、早大戸塚球場を借りることができたが巨人軍専用の球場を持ち合わせていなかった。プロ球団をつくり選手を集めても、肝心要《かなめ》の舞台が欠如していたのである。ファンはプロ専用球場が一刻も早く建設されることを強く願っていた（資料２—３６）。

【ファンのこえ】「職業野球の球場建設」（資料２—３６）の内容を示す。

◇愈よ職業野球時代がきた、各都市に誕生したチームが晴れのリーグ戦を開始するのも近きにありと思えば我々ファンは愉快に堪えません、各大学、中等校のスタープレーヤーを網羅し斯界の黄金時代を築かれるのも決して遠くはないと思う

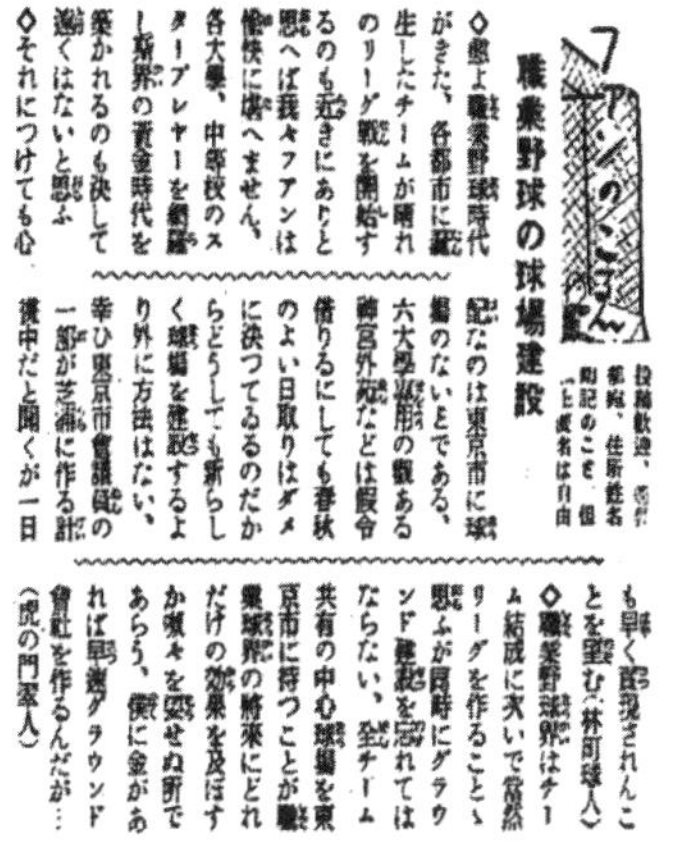

[資料 2-36] 昭和 11 年 2 月 8 日 読売新聞

◇それにつけても心配なのは東京市に球場がないことである、六大学専用の観ある神宮外苑などは仮令《たとい》借りるにしても春秋のよい日取りはダメに決っているのだからどうしても新しく球場を建設するより外はない、幸い東京市会議員の一部が芝浦に作る計画中だと聞くが一日も早く実現されんことを望む（林町球人）

◇職業野球界はチーム結成に次いで当然リーグを作ること、思うが同時にグラウンド建設を忘れてはならな

い、全チーム共有の中心球場を東京市に持つことが職業球界の将来にどれだけの効果を及ぼすか呶々《どど》を要せぬ所であろう、僕に金があれば早速グラウンド会社を作るんだが…（虎の門翠人）(102)

東京巨人軍第二次米国遠征へ出帆

東京巨人軍は創立後まもなく、プロ球団同士の対戦相手をもとめて米国で武者修行を行った（昭和十年二月〜七月）。それから一年後の昭和十一年二月十四日、横浜港をふたたび出帆した（第二次米国遠征、資料2―37）。一方、国内には六球団がととのいつつあったが、各球団は、これからオープン戦などを通じて戦力を充実させていく途上にあった。

記事（資料2―37）内容の一部を以下示す。

十四日横浜出帆の秩父丸で第二回渡米遠征の途に上った東京巨人軍一行は来る二十七日桑港［サンフランシスコ］到着後二十九日コースト・リーグの強剛桑港シールス軍との一戦を皮切りとして太平洋沿岸各地に転戦する予定だが一行の監督浅沼誉夫氏は出発に当り巨人軍を代表して本紙を通じ左の如きステートメントを発表した

巨人軍の第二回渡米に当り我々全員の志すところは、今回の遠征が単に一巨人軍としての渡米ではなく日本職業野球団の代表たるの責務を痛切に感じている事である、この意味において我々は昨年以上に試合並《ならび》に経営上の成績を挙げて帰りたいと思っているが、既に前回の渡米で双方とも互いにその実力を知り合っているだけに試合は一層面白くやれると思っている、……

〈後略〉

わが職業野球に
〝軌道〟確立の使命
浅沼監督のステートメント
―巨人軍の渡米に際して―

[資料2-37]昭和11年2月15日 読売新聞

【注】

（1）『日本職業野球連盟公報』第一号（昭和十一年四月二十五日）をもとに作成。

（2）日本職業野球連盟の登録日。新聞等で報じられる球団の「結成日」と連盟での「創立日」とは異なる。

（3）漢字名には「軍」が付いている。それは、時代を映す軍隊組織の比喩であると同時に現実化・実体化していく言説形成の契機を内包していると考える。

（4）連盟公報には「一月十五日」と記されているが、通例、一月十七日とされているのでこれにしたがった。

（5）阪急軍だけが商号に「株式会社」が付いていない。

（6）新聞紙上ではしばしば「夕軍」と表記される。「セ軍」（＝東京セネタース）も同様。

（7）「大東京」とも記される。

（8）「金鯱軍」とも記される。

（9）前年（昭和十年）半ば以降、大阪や名古屋などで職業野球団設立へのうごきが急速に活発になっていた。

（10）新愛知新聞と国民新聞の主幹であり編集長の田中斉《ひとし》の野球構想が、正力松太郎による読売主導の職業野球構想に対峙している痕跡とみることができる。「日本職業野球連盟」のなかに「大日本野球連盟」といった、言葉上の入れ子構造になっている（田中の正力への抵抗の痕跡）。正力構想に対抗する田中構想については山際（二〇一六、二三―二六頁）を参照。

（11）連盟主催の試合は昭和十一年四月二十九日から。

（12）日本で最初のプロ同士の試合は、史的には、職業野球団第一号の「日本運動協会」（大正九年）と、第二号の、女流奇術師松旭斉天勝《しょうきょくさいてんかつ》率いる「天勝野球団」（大正十一年）との対戦――大正十二年六月二十一日、鮮満遠征中の京城郊外の竜山満鉄球場での試合――であることを記しておかねばならない。詳細は『プロ野球誕生前夜』（二七頁）。また、名古屋金鯱軍は、すでに結成されてはいるものの、連盟による登録日は二月二十八日であることも付しておく。

（13）二番目に誕生したのは大阪タイガースであるが、選手編成が進んでいたのが金鯱軍である、という点から解される。

（14）ハンター、ハーバート・H（1895-1970）。日米野球（昭和六年）の米国側の代表者（昭和九年の日米野球ではフランク・オドールにその座をゆずり渡した）。

（15）スリム・平川（本名は平川喜代美《きよみ》、1912-没年不詳）。アイエア高を経て「ハワイ朝日」でプレー。ナックルボールが武器。ハワイ出身。

（16）濃人渉《のうにんわたる》（1915-1990）。広陵中を経て広島専売局へ。岩本義行（広陵中→明大）を介して岡田監督から誘われ、名古屋金鯱軍契約第一号選手として入団。戦後、中日ドラゴンズや東京（ロッテ）オリオンズの監督を務める。また、被爆者手帳を持っていた唯一のプロ野球監督でもある。広島県出身。

(17) 江口行雄（1915-没年不詳）。享栄商を経て立命館大へ。昭和九年の日米野球では全日本選抜メンバーに選ばれ、大日本東京野球倶楽部の創立に参加し、第一次米国遠征にも参加。巨人軍の二出川延明とともに名古屋金鯱軍へ移籍。二度の応召で戦時中に病死。愛知県出身。

(18) 島秀之助（1908-1995）。第一神港商を経て法政大へ。苅田久徳（巨人軍→東京セネタース）や若林忠志（大阪タイガース）らとともに奮闘、法大の初優勝を果たす。卒業後は逓信省簡易保険局で勤務。昭和十年暮れ、第一神港商先輩の二出川延明に誘われて金鯱軍に主将として入団。監督になるはずの二出川が審判員に転じたので、監督の岡田源三郎を補佐する助監督兼選手となった。十三年、審判に転向、以後名審判の道を歩む。セ・リーグ審判部長（殿堂入り、一九八九年）。兵庫県出身。

(19)『阪神タイガース　昭和のあゆみ』（一一頁）。

(20)『国防婦人会』（一三六―一三七頁）。

(21) 双葉山《ふたばやま》定次《さだじ》（本名穐吉《あきよし》定次、1912-1968）。第三十五代横綱。昭和二年立浪部屋へ入門、七年二十歳で入幕。十一年に関脇へ、十二年春大関、同年夏横綱。二十年三十三歳で引退、年寄時津風を襲名。二十三年大日本大相撲協会（現日本相撲協会）理事、三十二年理事長。優勝十二回（全勝八回）。連勝数六十九。大分県出身。

(22)『鈴木龍二回想録』（三二頁）。

(23) 昭和四十年『中日新聞』と改題。

(24) 昭和十七年の戦時新聞統合による。

(25) 小山松寿《こやましょうじゅ》（1876-1959）。東京専門学校（現早大）を卒業後、大阪朝日新聞に入社。名古屋支局長を務める。明治三十九年『中京新報』を譲りうけて改題し、『名古屋新聞』を創刊、社長となる。大正四年衆議院議員に（八回連続当選）。憲政会、立憲民政党で幹事長を務める。昭和五年衆議院副議長、十二年衆議院議長。十七年、新聞統制で『名古屋新聞』と『新愛知新聞』が合併し中部日本新聞社が誕生すると、新聞界の第一線から身を引いた。愛知県出身。

(26) 大宮伍三郎（1897-1957）。明大卒。名古屋新聞東京支社長、同専務理事、科学工業新聞社取締役を務めた。広島県出身。大宮氏の学歴からみて、明大系路線で岡田源三郎氏が名古屋金鯱軍監督として請われたと推測される。

(27) 大島一郎（1903-1985）。時事新報社を経て、祖父の経営する新愛知新聞社（現中日新聞社）に入社、昭和十六年同社社長（翌十七年中部日本新聞社）。二十年から同社社主。以来、一貫して中日グループ総師の地位にあった。戦前の「名古屋軍」（中日ドラゴンズの前身）代表や戦後の中日ドラゴンズ会長を務めるなどしてプロ野球の振興に尽力。愛知県出身。

（28）田中斉《ひとし》（1897-1966）。明大卒。ジョンズ・ホプキンズ大大学院修了。昭和十七年まで「新愛知新聞」（『中日新聞』の前身）の主幹兼編集局長、『国民新聞』（『東京新聞』の前身）の経営にあたる。大東京軍オーナー、名古屋軍代表も兼任。二十二年衆議院議員に当選するが、公職追放となり辞職。三十一年明大教授。愛知県出身。

（29）『中日ドラゴンズ３０年史』（一一〇―一一一頁）。

（30）同書（一一七―一一八頁）。

（31）天知俊一（1903-1976）。甲陽中などを経て明大へ（捕手として活躍）。昭和四年から二十二年まで東京六大学の専属審判員。二十三年中日の総監督としてプロ入り、二十九年の監督時に明大の後輩で愛弟子の杉下茂（1925- 殿堂入り、一九八五年）がフォークボールを開眼、日本一に（殿堂入り、一九七〇年）。兵庫県出身。

（32）松本滝蔵（1901-1958）。幼少時米国で暮らす。帰国後、広陵中に編入、明大へ。ベルリン五輪には調査員兼外国関係主事として帯同。戦後は英語力を生かして野球復興のため、ＧＨＱなどと交渉に携わる。衆議院議員（五期）、外務政務次官や官房副長官を歴任（殿堂入り、二〇一六年）。広島県出身。

（33）鈴木惣太郎（1890-1982）。前橋中、大倉高商卒。大正九年、貿易関係の仕事を勉強するため渡米中、大リーグ観戦を続け、帰国後、読売新聞紙上で米国野球を紹介。日米野球（昭和六年、九年）で米大リーグ選抜チーム招聘に尽力――とくに、ベーブ・ルースへの最後の説得に貢献（『追憶の日米野球Ⅱ』七九―八三頁）。大日本東京野球倶楽部（東京巨人軍）の創立に尽力。戦後の二十一年に日本野球連盟副会長、ＧＨＱとの折衝に骨を折った（殿堂入り、一九六八年）。群馬県出身。

（34）「ロサンゼルス日本」（ＬＡ日本）は日系・セミプロチームで、大日本東京野球倶楽部（東京巨人軍）第一次米国遠征（昭和十年二月〜七月）において、巨人軍と三回対戦している――四月十三日（０―３で敗北）、二十日（４―３で勝利）、二十一日（３―１４で敗北）。ＬＡ日本のエースは、ジョージ松浦（松浦一義）であった――十一年六月、すでに入団しているハリスと高橋吉雄の紹介で名古屋軍に加わり主戦投手となる。連盟結成記念全日本野球選手権（夏季の東京大会、於戸塚球場）では、三勝をマークし名古屋軍の大会優勝に貢献。

（35）ノース、ハーバート・Ｂ（1910- 没年不詳）。マッキンリー高校を経てパラマウント・カブス（パラマウント映画撮影所の野球チーム）で主戦投手として活躍。昭和十一年名古屋軍結成時の外国人選手として入団。同年四月二十九日の対大東京軍戦（日本職業野球連盟主催試合、於甲子園球場）において二番手として登板し初勝利（日本プロ野球公式戦最初の勝利投手）。主戦投手として期待されたが日本の生活に馴染めず、わずか半年で帰国。ハワイ出身。

（36）ハリス、バッキー（本名アンドリュー・ハリス・マクギャラード [Andrew "Bucky" Harris McGalliard] 1908-1978）。南カリフォルニア大学を経て、米マイナーリーグ入り。その後、ロサンゼルスの日系チーム「LA日本」でプレー。一九三五年（昭和十年）東京巨人軍第一次米国遠征で対戦も。入団の契機は、名古屋軍総監督の河野安通志が戦力底上げのため、鈴木惣太郎氏に外国人選手紹介を依頼したことによる（ノース投手、高橋遊撃手も同様）。強打に加え、強肩・正確な送球など攻守両面で活躍。十二年河野が結成した後楽園イーグルスに移籍、同年秋MVP。カリフォルニア州出身。

（37）高橋吉雄《よしお》（「サム高橋」、1908-1976）。ミッドパシフィック高―ワシントン大学（中退）―ハワイ朝日を経て名古屋軍へ。昭和十一年春の日本職業野球連盟第一回リーグ戦の大東京軍との開幕戦に四番・ショートで出場。翌年、後楽園イーグルスに移籍し、秋のリーグ戦では本塁打王。ノース投手、ハリス捕手、高橋遊撃手の三選手を、親会社の新愛知新聞はしばしば「米国三銃士」――一九三五年（昭和十年）製作の映画『三銃士』にちなんでか――と大きく報じた。ハワイ準州生まれの日系二世。

（38）山下実（第一章注53参照）。

（39）名古屋金鯱軍は、昭和十一年創立のあと、わずか数年の活動期間でもって球団消滅にいたった――金鯱軍（～昭和十五年）→大洋（東京セネタースと昭和十六年一月合併～十七年）→西鉄（昭和十八年二月～同年末解散）。

（40）『中日ドラゴンズ30年史』（一一四頁）。

（41）現在の西武鉄道とは別会社。

（42）安藤信昭《のぶあき》子爵（1890-1976）。華族（子爵）、有馬頼寧は実兄（異母兄）。東京府立園芸学校を卒業、侍従補。侍従や式部官を歴任。昭和十一年一月、有馬頼寧とともに職業野球団・東京セネタースを結成（旧西武鉄道を運営母体）。有馬頼寧がオーナー、安藤信昭が理事長。同年二月に結成された日本職業野球連盟（総裁・大隈信常侯）では、副総裁に就任（もうひとりの副総裁は松方正雄）。東京都出身。

（43）横澤三郎（1904-1995）。荏原中を経て明大へ（二塁手）。昭和四年東京倶楽部入り、都市対抗大会で四度の優勝を経験。十一年東京セネタース発足とともに監督、十三年から審判部。戦後（二十一年）、新生セネタース（現・日本ハム）の監督を務める。二十三年より日本野球連盟審判に復帰し、二十六年から九年間パリーグの審判部長を務めた（殿堂入り、一九八八年）。台湾出身。

（44）苅田久徳（第一章注19参照）。

（45）中村信一（1913-没年不詳）。北予中を経て法大学へ。東京セネタース発足時入団。二塁手の苅田久徳に遊撃守備を鍛えられ、三塁手の高橋輝彦とともに「百万ドルの内野陣」を形成。愛媛県出身。

（46）高橋輝彦（1914-没年不詳）。神奈川県立商工実習学校を経て専修大へ。東京セネタース発足時入団（専大を中退）。昭和四十年、横浜高等学校監督に就任。コーチの渡辺元智氏を指導、高校野球の強豪校となる指導者の基盤を作った。神奈川県出身。

（47）東京セネタースも名古屋金鯱軍と同じように、終戦まえに球団消滅にいたり、現存していない――昭和十一年創立（〜十五年十月）→翼（昭和十五年十月〜同年末）→大洋（金鯱軍と十六年一月合併〜十七年）→西鉄（昭和十八年二月〜同年末解散）。

（48）『巨怪伝』（二七五頁）。

（49）小林一三による職業野球構想自体は、阪神電鉄よりも先んじていたが、小林（欧米視察中）の新球団創設の決断と指令は、阪神電鉄の球団結成の決意を知ってからなされた。そのため、有力選手のスカウト活動はライバルよりも一歩おくれることになった。

（50）『阪急ブレーブス五十年史』（三八―三九頁）。

（51）村上實《みのる》（第一章注43参照）。

（52）大東京軍は、セネタースや金鯱軍よりも長く存続したが、戦後まもなく途絶えてしまうことになる――昭和十一年創立（〜十二年春）→ライオン軍（昭和十二年八月〜十五年）→朝日軍（昭和十六年〜二十年）→パシフィック（昭和二十一年）→太陽ロビンス（二十二年・二十三年〜二十四年）→松竹ロビンス（二十五年〜二十七年）。その系譜は、昭和二十八年一月大洋ホエールズと合併し、大洋松竹ロビンス（〜二十九年）→大洋ホエールルズ（昭和三十年〜五十二年）→…→今日の横浜DeNAベイスターズへとつづく。しかし、大東京軍や松竹ロビンスの系統は、大洋ホエールズに実質的に吸収合併されたかたちになり、消滅球団としてのあつかいになっている。

（53）宮田光雄（1878-1956）。愛知一中、三高を経て帝大（明治三十年京都帝国大学創立以後、「帝大」は東京帝国大学と改称）へ。貴族院官僚として奉職後、勅撰貴族院議員。福島県知事、内閣書記官長を経て第三十一代警視総監。三重県出身。

（54）森岡二朗（1886-1950）。郡山中、四高を経て東京帝大へ。卒業後内務省入り、警保局長、台湾総督府総務長官を歴任。森岡を球界に引っ張ったのは当時の大東京軍の球団代表、鈴木龍二。洲崎球場の開設は森岡の尽力によると言われる。昭和十六年、「日本野球連盟」初代会長に就任、戦時下の野球存続に努めた（殿堂入り、一九六九年）。奈良県出身。

（55）長延連《ちょうえんれん》（1881-1944）。一高を経て京都帝大へ。卒業後文部省に入る。昭和六年、第三十五代警視総監に就任したが、昭和七年一月、桜田門事件により罷免され退官。その後、東京乗合自動車社長などを務めた。静岡県出身。

(56) 志岐守治《しぎもりはる》（1871-1946）。陸軍幼年学校を経て陸軍士官学校（1期生）を卒業。陸軍大学卒。明治三十六年歩兵第十二連隊大隊長に発令され日露戦争に出征。大正八年陸軍中将に進級、同年第十六師団長。昭和七年九月から十一年十二月まで国民新聞社長。鹿児島県出身。

(57) 鈴木龍二（1896-1986）。海城中を経て東京工業学校へ。大正十年、国民新聞社へ入社、政治部・社会部記者を歴任し社会部長となる。この記者時代に政官界を中心に広い人脈を築いた。国民新聞が新愛知新聞社の傘下へ入ったことを契機に退社。時事新報社を経て昭和十一年、国民新聞主幹・田中斉の特段の要望を受けて、同新聞社が創設した職業野球団大東京軍の球団代表・常務へ就任。十六年代表を辞して日本野球連盟事務総長に就任。職業野球全般の運営に当たる、戦時下や戦後の困難な時期にプロ野球の維持・発展に尽力。二リーグ分裂後三十二年の長きにわたってセ・リーグ会長を務めた（殿堂入り、一九八二年）。東京都出身。

(58)『中日ドラゴンズ３０年史』（一一〇頁）。

(59) 永井武雄（第一章注58参照）。

(60) 山下実（第一章注53参照）。

(61) 水谷則一《のりかず》（1910-1984）。愛知商業を経て慶大へ。満州鉄道倶楽部でプレー後、大東京軍の結成に参加。昭和十一年四月二十九日、対名古屋軍戦でプロ野球史上初めて左打席に立った打者。愛知県出身。

(62) 鬼頭数雄《かずお》（1917-1944）。中京商業（夏の甲子園三連覇したときのメンバー）を経て日大へ。大東京軍結成とともに入団（日大中退）。昭和十五年首位打者――三割二分一厘（川上哲治は三割一分一厘）。愛知県出身。

(63) 伊藤勝三《かつぞう》（1907-1982）。秋田中（全国中等学校優勝野球大会に捕手として二度出場）を経て慶大へ。東京倶楽部でプレー（昭和六年都市対抗野球大会で優勝）。大東京軍結成時に入団、永井武雄監督のあとをうけて監督就任（選手兼任）。一年限りで引退。戦後は、地元秋田の実業団野球連盟初代支部長に就任、母校・秋田高校野球部の指導に努めた。秋田県出身。

(64)『鈴木龍二回想録』（一〇―一四頁）。

(65) 郷誠之助《ごうせいのすけ》（1865-1942）。哲学博士（ハイデルベルク大学）。明治から昭和期の実業家・財界人。日本経済連盟会会長、日本商工会議所会長、貴院議員。財界の斡旋・調停などで活躍した若手実業家の集まりの「番町会」のリーダー（正力松太郎や後藤圀彦は会員）。美濃国岐阜（岐阜県岐阜市）出身。

(66) 後藤圀彦（1891-1945）。苦学して法大を卒業後読売新聞社に勤める（政治部長、経済部長）。郷誠之助らの知遇を得て実業界に身を転じる。京成電気軌道二代取締役社長。今日の京成電鉄の礎を築く。第二回日米野球をまえに結成された全日本チーム（大日本東京野球倶楽部の母体）の合宿場所として、京成電鉄沿線に谷津球場を開設。大分県出身。

(67) 堀達治（堀定一《さだいち》、慶大在学中は堀達治と改名、1909-1936）。高松商を経て慶大へ（水原茂と同学年）。香川県出身。第一回日米野球の全日本軍選抜メンバーに右翼手として出場。大学卒業後軍隊へ（四年間）。昭和十一年二月十五日大東京軍結成時に入団。しかし、軍隊生活中に病を患い快復しないまま無理が祟り、大東京軍に加わってわずか六日後に、無念にも病没（二月二十一日）。

(68) 歴史的には、河野らによって設立された（先述の）「日本運動協会」と二番目の職業団、天勝野球団との試合が最初のプロ球団同士の試合である。

(69)『中日ドラゴンズ30年史』（一一五頁）。

(70)『巨怪伝』（二七〇頁）。

(71) 山本栄一郎（1902-1979）。島根商業卒業後、しばらくして、加藤吉兵衛（早大野球部ＯＢ）の紹介で、河野安通志らによって大正九年に結成された「日本運動協会」の入団テストを受け合格（投手・主将に抜擢）。関東大震災後は「宝塚運動協会」でプレー（肩を痛めまもなく退団）。その後、満州へ渡り大連実業団などに加わり内野手として出場。第二回日米野球で全日本チームに志願、メンバーにえらばれ、そのまま大日本東京野球倶楽部結成とともに入団（昭和十七年現役引退）。島根県出身。

(72)『巨怪伝』（二五一―五二頁）。

(73) 中野英治（本名は中野榮三郎、1904-1990）。昭和時代の映画俳優。荏原中（東京セネタース初代監督の横沢三郎と野球部チームメイト）を経て法大へ。一時、天勝野球団に加わる。同チーム解散後、天勝時代の友人に誘われ、野球好きのマキノ正博が野球部を強化していた日活の野球部に入社。『大地は微笑む』で二枚目俳優としてデビュー。サイレント映画の時代に現代劇におけるスター。〝不良の代表〟、お洒落な〝ドン・ファン〟の大スターとしても知られた。広島県出身。

(74)『巨怪伝』（二六九―二七〇頁）。

(75) 浅沼誉夫と田部武雄は、かつて、神宮球場をゆるがした「八十川ボーク事件」（昭和六年）の渦中にいた二人であった。また、天才肌の田部と根性主義をとる浅沼とは相容れないものがありしばしば衝突していた。詳細は『天才野球人　田部武雄』（一五六―六六頁）を参照。

(76)『巨怪伝』（二七〇―七一頁）。「連判状事件は第二回アメリカ遠征から帰国後も尾を引いた。苅田の復帰願いを却下した市岡は、返す刀で水原と田部に退団処分を申し渡した。水原はその後、慶応の先輩の小野三千麿を通じて復帰を願い出、正力の「現場のことは監督の藤本に任せる」の一言で、再入団を果たしたが、田部は二度と巨人には戻らず、昭和二十年五月の沖縄戦で戦死を遂げた」（同書二七一―七二頁）。水原と田部は、辞表を提出し、三宅が監督を務めることになった新職業団、「阪急軍」でプレーするつもりだったが、新しく作られた連盟規則――「所属倶楽部の了解なしに他の倶楽部に移籍することができない」――を厳に適用しての職業野球そのものからの追放というかたちとなった。また、市岡と選手たちとの軋轢は、これだけにとどまらず、市岡から声をかけられ、契約第一号選手の三原脩―入営のため巨人軍を退団、除隊後も復帰の意志なし――とのあいだにもあった。

(77) 青木月斗《あおきげっと》（1879-1949）。明治から昭和時代の俳人。正岡子規にみとめられ、大阪満月会を結成して明治三十二年「車百合」を創刊。大正九年から『同人』を主宰し関西俳壇の中心として活動。著作に『子規名句評釈』。

(78) 柳暗花明《りゅうあんかめい》＝春の野が花や緑に満ちて、美しい景色にあふれること。また、花柳界・遊郭を指すこともある。

(79) 日本髪の一種。少女向きの髪型。

(80) 有権者は満二十五歳以上の男性日本国民。

(81) 十余里＝約四〇キロメートル余り。

(82) 第十九回衆議院議員総選挙（昭和十一年二月二十日投票日）。昭和十一年一月二十一日、立憲政友会が衆議院に岡田内閣不信任案を提出したのを受けて、岡田啓介首相によって衆議院を解散したことによる選挙。公正明大な選挙の実施を目指して、選挙粛清中央連盟下で行われた初の選挙。

(83) 郷軍＝在郷軍人。平時は民間で生業に就いているが、戦時には必要に応じて召集され国防の任に就く予備役・後備役などの軍人。

(84) 東京セネタースのこと。

(85) 昭和十一年当時は「大阪タイガース」と呼ばれていた。球団名は、昭和十五年途中からは「阪神」、昭和二十二年からふたたび「大阪タイガース」、昭和三十六年から「阪神タイガース」。

(86) 三宅大輔監督（第一章注63参照）。

(87) 青柴憲一（第一章注15参照）。

(88) 畑福俊英《としひで》（1913-1981）。秋田中を経て専修大へ。大日本東京野球倶楽部（東京巨人軍）結成時より加わる。日本職業野球連盟主催試合、対大東京戦（昭和十一年七月三日、於戸塚球場）に先発登板し、6イニングを1失点に押さえて、巨人軍球団史上初の公式戦勝利投手。翌十二年以降は新設したイーグルスへ移籍。秋田県出身。

(89) スリム・平川（第二章注15参照）。

(90) 内藤幸三《こうぞう》（1916- 2002）。小樽商業などを経て、「東京リーガル倶楽部」（軟式社会人クラブ）でプレー。名古屋金鯱軍設立にも関わる。日本プロ野球最初の本格派左腕投手。戦後はセ・リーグで審判員も務めた。宇治山田市立明倫小学校では沢村栄治と同級生。三重県出身。

(91) 金子裕《ひろし》（1914- 没年不詳）。鎌倉中を経て鎌倉老童軍へ。昭和十一年名古屋金鯱軍入団。十二年に東京セネタースへ移籍、十六年には黒鷲軍へ。神奈川県出身。

(92) 古谷倉之助《ふるやくらのすけ》（1911-1961）。八王子中卒業後、八王子実業団を経て、昭和十一年名古屋金鯱軍へ（投手、内野手、外野手）。一年目は秋季リーグで山下実、藤村富美男と並んで本塁打王を獲得（さらに打点王も獲得）。二刀流の選手。東京都出身。

(93) 田部選手は東京巨人軍第二次米国遠征で沢村栄治投手とともに大リーグから勧誘を受けていたが帰国後また球団と衝突、退団を余儀なくされ連盟条項上他球団に移籍することも叶わずプロ野球から去った。日本でのプロ野球選手としての彼の勇士をみることができたのはこれが最後だった。

(94) 愛知電気鉄道――名古屋鉄道と合併し、名古屋鉄道［名鉄］に引き継がれる――が、昭和二年、自社直営方式で開設した球場。鳴海球場は、東海野球王国――昭和六年から中京商業が三年連続夏の甲子園で優勝――のメッカと呼ばれ、甲子園で優勝するよりも鳴海球場での予選の決勝戦に勝つほうが難しいと真顔でいわれた時期であった。両翼一〇六メートル、センター一三六メートルと、甲子園球場を凌駕するものであった。日米野球（昭和六、九年）で使用され、ベーブ・ルース、ルー・ゲーリッグがプレー。また、当球場は、明治節に体操大会会場となったり、昭和十四年にはスキー大会（北陸地方の雪を搬入）を開催、戦時には土俵をもうけ青年学校や兵士のための相撲大会が催され、非常時下の国民体位向上に協力したこともあった（『名鉄自動車学校 社史「30年の歩み」』第一章「創立前史」より）。

(95) 『中日ドラゴンズ30年史』（一一六頁）。

(96) のちの大洋ホエールズとは別球団。

(97) いつの日か日本のプロ野球が米大リーグとの争覇戦（すなわち、ワールド・シリーズ）で戦うことができるようになることを目標にしている。二回の日米野球（昭和六、九年）を企画、開催した経験（いずれも全敗）から生れ出た、わが国の職業野球が目標とすべき理想であった。これは、大日本東京野球倶楽部（東京巨人軍）の創立趣旨にもうたわれている。

(98) 大隈信常《おおくまのぶつね》侯（1871-1947）。東京帝大卒。衆議院議員、貴族院議員、大日本東京野球倶楽部代表取締役会長（初代）、日本職業野球連盟総裁（初代）などを歴任。また、早稲田大学名誉総長などの名誉職も務めた。大隈重信の養嗣子。長崎県出身。

(99) 安藤信昭子爵（第二章注42参照）。
(100) 松方正雄（第一章注23参照）。
(101) 安楽兼直（正力の義弟）。
(102) くどくど言うさま。

第三章　待ち遠しい球春

関西で初のプロ球団同士の試合

プロ球団同士の最初の試合（といわれる）は、名古屋の鳴海球場で二月九日から三日間、東京巨人軍対名古屋金鯱戦が行われたことは先にみてきた通りである。新設された七つの職業野球団のうちの五球団——大阪タイガース、名古屋軍、東京セネタース、阪急軍、大東京軍——は、プロ同士の試合でもって野球ファンのまえで初のお披露目をするのはこれからのことであった。また、発足したばかりの日本職業野球連盟主催による公式戦は、四月下旬よりはじまる。各チームとも戦力強化、練習、実戦感覚をやしなうための練習試合（対戦相手は社会人チームを含む）など準備に余念がない。開幕まであと二か月半、各球団は活発にうごきだした。

なかでも、特筆すべきは名古屋金鯱軍である。名古屋に存在するもうひとつのチームの名古屋軍

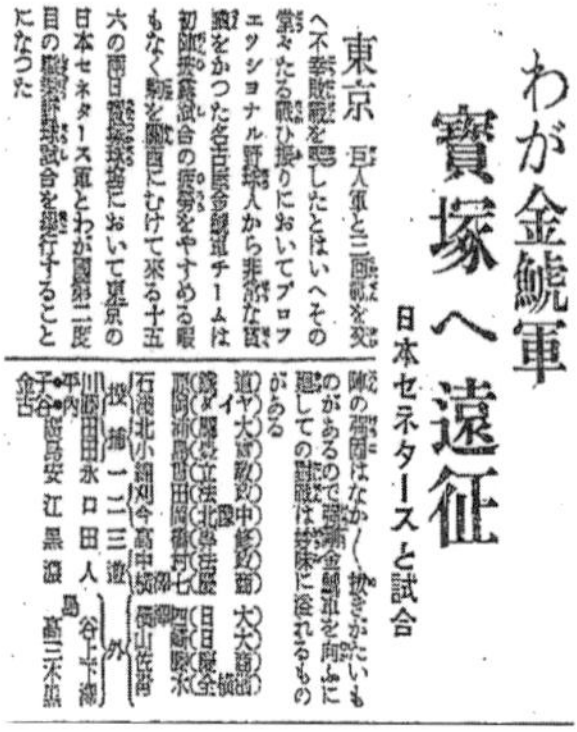

わが金鯱軍
寶塚へ遠征
日本セネタースと試合

東京　巨人軍と三回戦を交へ不幸敗戦を喫したとはいへその堂々たる戦ひ振りにおいてプロフエッショナル野球人から非常な賞讃をかつた名古屋金鯱軍チームは初陣披露試合の疲労をやすめる暇もなく駒を関西にむけて来る十五六の両日寶塚球場において東京の日本セネタース軍とわが國第二回目の職業野球試合を擧行することになつた

[資料3-1]昭和11年2月13日　名古屋新聞（鶴舞中央図書館所蔵）

には目もくれず、独自路線を行くかのごとくのスタイルだった——実際、それぞれの親会社は新愛知新聞（名古屋軍）と名古屋新聞（金鯱軍）であり、たがいに張り合っていたのだから。

金鯱軍は鳴海球場で試合（東京巨人軍渡米壮行試合兼初披露試合）を行ったあと、西へ西へと遠征の旅に出ることになるが、まずは関西におもむく（宝塚球場）。そこで、金鯱軍は東京セネタースと試合を行うことになる。それは、セネタースにとっては初陣であり、かつ、関西におけるプロ野球の初の開催でもあった。金鯱軍の遠征についての記事（資料3—1、見出し「わが金鯱軍宝塚へ遠征」）をみてみよう——ここで「わが」がつくのは金鯱軍の親会社の名古屋新聞の記事ゆえである。

記事（資料3—1）内容の一部を記す。

東京巨人軍と三回戦を交え不幸敗戦を喫したとはいえその堂々たる戦い振りにおいてプロフェッショナル野球人から非常な賞讃をかった名古屋金鯱軍チームは初陣披露試合の疲労をやすめる暇もなく駒を関西にむけて来る十五六の両日宝塚球場において東京の日本セネタース

［＝東京セネタース］軍わが国第二度目の職業野球試合を挙行することになった関西に於てはこれが最初の職業野球戦であり関西球界から異常な期待を持たれているものである、……〈後略〉

名古屋金鯱軍遠征第一戦は東京セネタースに軍配があがった（資料3―2）。スコアは、2A―1。両軍の先発投手は、金鯱軍はスリム・平川、セネタースは石原(1)であった。

記事（資料3―2）内容の一部を以下示す。

金鯱軍遠征第一戦！

2A―1

延長つひに十一回

金鯱軍、勝機を逸す

東京セネタース第一回戦

バントの奇襲戦法に

セネタース危ふく勝つ

金鯱軍スランプ！

あきらめ切れぬ四球

[資料 3-2] 昭和 11 年 2 月 16 日　名古屋新聞（鶴舞中央図書館所蔵）

【宝塚にて……平岩特派員発】関西における最初の職業野球試合であり、名古屋金鯱軍最初の遠征たる、東京セネタース対名古屋金鯱軍の第一回戦は好晴に恵まれて、十五日午後宝塚球場で挙行された、結成初陣のセネタースがどんな試合ぶりを示すか、しかして巨人軍に善戦健闘を認められた金鯱軍の戦いへの布陣如何と興味を呼んで、グラウンドは満員の盛況を呈した、ゲームはまずセネタースのリードにはじまり金鯱軍これに追撃して遂に補回戦を演じ十一回にいたり押出しの一点を献じて金鯱軍は第一戦を失った。

小田原に合宿し
火の出る猛練習
ちかく黒澤選手らも迎へて
來月一日から金鯱軍

休暇

一流

豪球

形成

轉戰また轉戰
期待せよ、合宿後の活躍

［資料 3-3］昭和 11 年 2 月 18 日　名古屋新聞（鶴舞中央図書館所蔵）

なお、東京セネタースと名古屋金鯱軍との第二、三戦の結果はつぎのとおりである。(2)

第二戦　3―1で金鯱軍の勝利。先発投手は、金鯱軍は内藤、セネタースは横澤(3)（六回途中で石原に交代）。内藤投手の健腕が光った。

第三戦　6A―3で金鯱軍が連勝。先発投手は、金鯱軍はスリム・平川、セネタースは大貫(4)（初回一死もとれず二四球でまたも石原に交代）。セネタースの投手陣は総崩れで自滅したかたちになった。金鯱軍にくらべてセネタースは戦力（とくに投手スタッフ）がととのっていないようだ。

金鯱軍の意気込み

宝塚での対東京セネタース戦をおえた名古屋金鯱軍はしばらく休養をとることになった（二月末

まで）。三月一日からは神奈川県小田原での合宿を行う計画を発表した（資料3―3、見出し「小田原に合宿し火の出る猛練習　ちかく黒澤選手[5]らも迎えて」「来月一日から金鯱軍」）。一月に行った鳴海球場での合宿につづいて第二期の合宿にのぞむことになった。記事にはつぎのように述べられている。「第一次の鳴海球場における合宿練習は単なる顔見せ式の意味を出ず、練習時期も悪く、全く思う様な練習も出来ずチームプレイの本格的練習まで進んでいなかったが、今度の小田原合宿は十分休養したる身体をひっさげて岡田総監督一流の猛練習を施すことになるから面目を一新するであろうと期待される、……〈後略〉」。金鯱軍の遠征意欲は旺盛である。金鯱軍は東京巨人軍の壮行試合を終えたのち、関西へおもむき初の職業野球団戦（対東京セネタース）を行なった。さらに、金鯱軍は下関から大連にわたり大陸での長途の転戦を企画していた（資料3―4）。

"無敵"金鯱軍！
満鮮遠征の壮途へ
多彩なスケジュールを決定
活躍舞台愈よ絢爛

[資料 3-4] 昭和 11 年 2 月 22 日　名古屋新聞（鶴舞中央図書館所蔵）

金鯱軍の一ヵ月以上におよぶ遠征スケジュールを示す。その時期には連盟主催試合があるはずなのに……。

▲五月十一日午後八時三二分名駅発▲十二日午前九時三〇分下関着▲同正午門司出帆▲十四日午前八時大連着▲十六日～二十四日大連に於て六試合▲二十六日鞍山《あんざん》▲

二十七日撫順《ぶじゅん》▲二十八日奉天▲二十九日～三十一日新京▲六月二日平壌▲三日～八日京城▲十日釜山出帆▲十一日門司着▲十三日～十五日門鉄、八幡製鉄と対戦▲十六日名古屋着

大東京軍の選考試験

国民新聞を親会社とする職業団「大東京」は、先にみたように、一月二十七日付の新愛知新聞および国民新聞紙上の広告で、プロ野球選手の募集を行っていた（資料2―14、2―15）。その選考試験の模様が、二月十八日付の国民新聞に出ている（資料3―5）。東京の球団が名古屋の鳴海球場で選考試験を行っているのが興味深い。在京球団といっても、これといった専用球場はなく――東京巨人軍でさえ自身の球場を持っていなかった――、友軍名古屋軍の本拠地名古屋市郊外の鳴海球場を使用したのであった。(6)

"大東京軍"
第一回詮衡試験
十六日
鳴海で

[資料 3-5] 昭和 11 年 2 月 18 日　国民新聞（国立国会図書館所蔵）

景浦将（立教大）タイガース入り

新興職業野球団は、野球ファンに対して、その存在価値をアピールしなければならない。

新職業チームは、全国的に知名度の高い選手——とくに、東京六大学野球リーグのスター選手——に食指を伸ばしていた。このような、有力選手の引き抜きは、アマチュア野球界と職業野球界とのあいだに埋めがたい溝をつくることになるが、ライバル球団に対して優位に立つためには背に腹はかえられない、といった事情もあった。大阪タイガースは、精力的に戦力を充実させることに努力をかたむけていた。のちに、（初代）ミスター・タイガースと呼ばれる藤村富美男（呉港中）、若林忠志（法政大—川崎コロムビア）につづいて、松木謙治郎（明治大—名古屋鉄道局—大連実業団）、地元の強豪関西大の投手、御園生崇男(7)を入団させた。さらに、立教大の至宝、景浦将(8)も加わることになった（資料3—6）。

記事（資料3—6）内容を以下示す。

影浦、立教を退學 タイガースへ

松木、御園生、北井も入る

春のシーズンに備へて目下チームの整備に大童の大阪タイガース軍ではさきに若林、藤村の両投手を加へて斯界の注目を惹いたが今回さらに大連實業團から松木一壘手を迎へて主將とした立教野球部から強打、強肩の影浦選手を、關大野球部から御園生、北井両投手を引き拔いて投手、打擊陣に愈よ充實を加へるに至つた影浦投手は現在豫科三年で、御園生投手も在學中であるがいづれも東京セネタース軍入りをした中村、綿貫、高橋、山崎同樣中途退學して職業團の傘下に馳せ參じたものである【寫眞影浦】

三職業野球團 本格的練習

職業野球團大東京軍、名古屋金鯱軍、東京セネタース軍にはいづれも二月一日から左記のグラウンドで本格的練習を開始する

◇大東京軍—鎌倉材木座グラウンド◇名古屋金鯱軍—小田原小峰球場◇セネタース—[illegible]球場

［資料3-6］昭和11年2月21日 読売新聞

春のシーズンに備えて目下チームの整備に大童《おおわらわ》の大阪タイガース軍ではさきに若林、藤村の両投手を加えて斯界の注目を惹いたが今回さらに大連実業団から松木一塁手を迎えて主将とした立教野球

部から強打、強肩の影浦［景浦］選手を、関大野球部から御園生、北井両投手を引き抜いて投手、打撃陣に愈よ充実を加えるに至った影浦投手は現在予科三年で、御園生投手も在学中であるがいずれも東京セネタース軍入りした中村、綿貫、高橋、山崎同様中途退学して職業団の傘下に馳せ参じたものである【写真影浦】

景浦の入団にいたる事情をのぞいてみる。

さて監督就任が決定したあと、森氏［森茂雄監督］は景浦を中退させてタイガースに迎えるため彼の家を訪ねたとき、まず驚いたのは盛業だった材木屋に材木がほとんどないことだった。昭和五、六年からつづいた不景気、恐慌のあおりをくったため破産寸前だったのである。父親ははじめ景浦選手のプロ入りを勧誘されたとき、家業の失敗を見こしてきたと誤解し顔色をかえたという。森氏が事業のことは全く知らなかったこと、タイガースにとって景浦が絶対必要であることなど説明してやっと納得してもらえた。息子のことは一切森さんにお任せしますと反転、ここに大打者の契約が成立することになった。(9)

景浦将は書面上二月二十八日［昭和十一年］の契約になっているが、二月十一日のチーム結成式に加わり、広田神社に参拝したあと、浜の宮球場での合同練習に加わった。景浦は年棒千六百八十円（月割りで百四十円）の五年契約で、契約書の「割増前渡給料」は三千九百円となっており、この金は景浦の実家へ支払われた。このため景浦自身が月々に受け取る給料は百円前後となり、これが後日になって一つの問題をひき起こす原因になった。実家の方へ給料が前渡しされていることを知らぬ景浦は、十三年に入団した釣常雄や朴賢明の方が高給だとむくれ出し、「それならオレはバッティングピッチャーだけをやる」といって手こずらせた。これを心配した松木主将が球団に対して景浦昇給の件を持ち出し、事情がはっきりしたという後日談がある。(10)

景浦将選手のひととなりをえがいたエピソードを紹介する。(11)

立教大学野球部合宿所内の一室、同室の景浦将（松山商卒）と坪内道則(12)（松山商—天王寺商卒）の間で密議がかわされていた。仕掛け人は景浦。昭和十一年、正月があけて間もない頃の夜半である。

「ワシ、学校を辞めることにきめた」——寝込んでいたところを、たたき起こされた坪内は「また景浦の冗談がはじまった」と気にもとめなかった。豪傑を絵に描いたような景浦が意外によくジョークをとばす。反面、律儀な男で一年からレギュラーに抜擢されながら、入浴、食事などは一般の最下級生なみに一番あと。レギュラーの景浦の練習が終わった、補欠の上級生がしぼられる間、ユニホーム姿のまま、こっそり便所の中で時を過ごす。幼なじみの坪内は、景浦の性格を知りつくしていた。その上、奨学金制度の恩典を受けている景浦が簡単に学校を辞めるはずがない。まして当時の景浦は、立教ばかりか東京六大学リーグのスーパースターである。

ところが、フトンの上に、どっかとアグラをかいた景浦の様子が、いつもとは違っていた。「立教大には大変なお世話になっている。とても、辞めるなどとはいえない。しかし松山の実家（材木業）が傾いて、オヤジは苦労しとる。ワシはこんど結成されたタイガースの契約金で親を助けたい……」景浦は日頃のあけっぴろげな口調に似ず、トツトツと訴えた。

学生服のまま、ブラリと合宿所を出た景浦はその足で大阪へ直行。坪内は、こっそり景浦のフトンと行李を落ち着き先へ送ってやる…立教大、いや、六大学リーグが大変な騒ぎになるのは後日談になる。……〈後略〉

戦時体制への道（5）経済的な圧力・自主国防確立へ

全面的な戦争にいたるまえに、敵対する国同士は、軍事、外交などの面での激しい駆け引きとともに、経済的な圧力をかけていくことがつねである。昭和十一年初頭、日本と米国はたがいに仮想敵国であることにとどまらず、実質的な敵国として顕在化してきた。経済的な措置として、相手国との交易——とくに軍用物資の生産に供する品目の交易——の一部を止める策が採られた。資料3—7は、米国から日本への錫《すず》屑の輸出を止めることを伝える記事である。また、海軍軍縮会議決裂に対処するため、自主国防体制の確立にむけて国民にたいして覚悟をもとめる旨のパンフレットが配られた（資料3—8）

米・錫屑輸出禁止

下院通過、主要目的は對日禁止

我が軍需工場に打撃

［資料3-7］昭和11年2月25日　名古屋新聞（鶴舞中央図書館所蔵）

自主國防確立へ

國民の覺悟を促がす

全國にパンフレットを頒布

海軍、軍縮決裂に對處

パンフレット内容

［資料3-8］昭和11年2月26日　新愛知新聞（鶴舞中央図書館所蔵）

時代の情景（3）二・二六事件勃発

二月二十六日早朝、帝都に激震が走った。皇道派青年将校・元将校——陸軍第一師団——に率いられた千四百余名の部隊は、首相官邸、大臣私邸などを襲撃、「二・二六事件」が起きた（資料3—

9、号外は資料3―10）。斉藤実内大臣、渡辺錠太郎教育総監、高橋是清蔵相が殺害され――高橋大臣は負傷後死亡――、鈴木貫太郎侍従長らは重傷を負った。事件翌日の新聞には、岡田啓介首相も「即死」と報じられたが、義弟が間違えて殺害された。翌二十七日朝、東京市には戒厳令（第十四条全部を適用）が施行され、また二十八日には、「反乱軍」の原隊復帰を命ずる奉勅命令が下された――二月二十九日「号外」（資料3―10）「騒擾兵への諭告」「天皇陛下の御命令に従ひ速

新愛知
突如帝都に大兇變
首相・内府暗殺さる
教育總監即死・藏相、侍従長重傷
青年將校・重臣大官を襲撃す
臨時總理に後藤内相
きのふ内閣から發令
各地とも極めて平靜
戰時警備令を發す
東京大阪兩灣を警備
第一第二兩艦隊動員

[資料 3-9] 昭和 11 年 2 月 27 日　新愛知新聞（鶴舞中央図書館所蔵）

讀賣新聞
號外
蹶起部隊に對する強硬解決
戒嚴司令部の發表
騒擾兵への諭告
天皇陛下の御命令に従ひ
速に軍旗の下に復歸せよ
反抗せば逆賊の汚名を受く
戒嚴令第十四條全部を適用
玆に断然叛徒の鎭壓を期す
四百廿名遂に歸順し
兵火未だ見るに至らず
續々告諭の精神に動く
宮中に緊急閣議續行

[資料 3-10] 昭和 11 年 2 月 29 日号外　読売新聞

に軍旗の下に復帰せよ　反抗せば逆賊の汚名を受く」。この反乱は二十九日、天皇の命令で鎮圧されたが、これ以降、軍部による政治的発言力が増していった。

西園寺公望[13]は最後の元老として、昭和初期、依然として一定の大きな政治力を保持していた。この西園寺も襲撃の対象になっていたが危うく難をのがれた。二・二六事件が起きた時、西園寺は八六歳であったが、後継内閣組閣について天皇の下問を受けるため、老体をむち打って上京した（資料3―11）。「〔静岡県〕興津の坐漁荘[14]の西園寺に対しては、愛知県豊橋市の陸軍教導学校の対馬勝雄・竹島継夫両中尉ら将校五名が、同校の下士官・兵約一二〇名を率いて襲撃するという計画を立てていた。しかし前日の二月二十五日に、その同志将校の一人が同校の下士官・兵を利用することに反対したため、対馬・竹島らは坐漁荘襲撃を中止し、東京の襲撃に参加した[15]」。

西園寺が、天皇によりもとめられて上京する際の概要についてみておきたい[16]。

……〈中略〉侍従次長から電話で原田[17]を通して西園寺に、後継内閣につい

國民新聞

時局の重大性に鑑み
園公愈けふ上京せん
組閣急速に進展か

[資料3-11] 昭和11年3月2日　国民新聞（国立国会図書館所蔵）

て天皇が下問したいので、参内できるなら参内してほしいと伝えられた。勅使を出さず、電話で参内を依頼するという例は、元老制度ができて以来、初めてであった。首都の枢要地区がクーデターによって占拠された二・二六事件の衝撃の大きさがわかる。

〈中略〉

一九三六(昭和一一)年三月二日、西園寺は特急に乗り、午後三時二五分に東京駅に着いた。そのまま参内して拝謁し、興津の坐漁荘からフロックコートを着て出た。西園寺は直ちに参内、四時一〇分に拝謁し、後継内閣組織について下問を受けた。その後西園寺は、二時間ほど湯浅宮相・一木枢密院議長と相談した。次いで夜八時から木戸内大臣秘書官長を呼んで事情を聞いた。……〈後略〉(18)

【コラム】　二・二六事件と軍部の政治への介入の本格化

一九三六（昭和十一）年二月二十六日、いわゆる皇道派の影響を受けた陸軍の青年将校が「昭和維新」の実現を目指して蜂起する二・二六事件が起きた。

事件から三日後の二月二十九日に反乱軍は鎮圧され、香田清貞歩兵大尉ら首謀者や、青年将校の理論的指導者であった北一輝らが叛乱罪を適用されて死刑に処せられ、皇道派関係者も処分された。この結果、陸軍内部では皇道派と対立していた統制派が実権を掌握した。また、三月九日には岡田啓介内閣が総辞職し、新たに岡田内閣の外務大臣であった広田弘毅が首相に就任した。

広田内閣は、一九三二（昭和七）年五月一五日に海軍青年将校が犬養毅首相を暗殺した五・一五事件で犬養毅内閣が退陣し、前朝鮮総督の斎藤実が首相に就任して以来、四年ぶりの文官による内閣であった。だが、軍部が人事に介入したために広田による閣僚の人選が難航したことは、二・二六事件を経て、軍の統制を理由に軍部が政治的発言権を向上させたことを示していた。

また、かつて一九一三（大正十二）年と一九二四（大正十三）年の二度にわたって憲政擁護運動を展開した政党側は、ついに第三次憲政擁護運動を起こすことが出来なかった。何故なら、五・一五事件や二・二六事件が象徴するように、特に軍部や国会改造主義者の間に政党政治や政党勢力に対する批判が根強かったからである。

こうして、一九二四年に始まった政党内閣制は完全に崩壊し、軍部による政治への介入と総力戦体制の確立が粛然と進められることになったのであった。

鈴村裕輔（名城大学外国語学部准教授・野球文化學會会長）

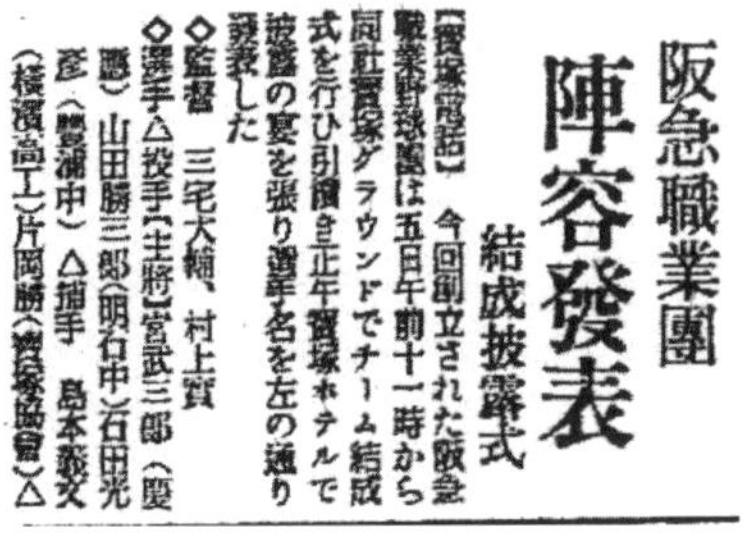

阪急職業團
陣容發表
結成披露式

【寶塚電話】今回創立された阪急職業野球團は五日午前十一時から同社寶塚グラウンドでチーム結成式を行ひ引續き正午寶塚ホテルで披露の宴を張り選手名を左の通り發表した

◇監督　三宅大輔、村上實
◇選手△投手【主將】宮武三郎（慶應）山田勝三郎（明石中）石田光彦（豐浦中）△捕手　島本義文（横濱高工）片岡勝（實業協會）△

［資料 3-12］昭和 11 年 3 月 6 日 読売新聞

うごきだす関西の球団

職業野球団としての「阪急軍」の創立日は、一月二十三日、その後、プロ球団として試合にのぞむことができるように準備をすすめ、三月五日、チームの陣容が発表され、宝塚グラウンド――宝塚グラウンドの敷地内に宝塚球場がある――で結成式が行われた（資料3―12）。

記事（資料3―12）内容を示す。

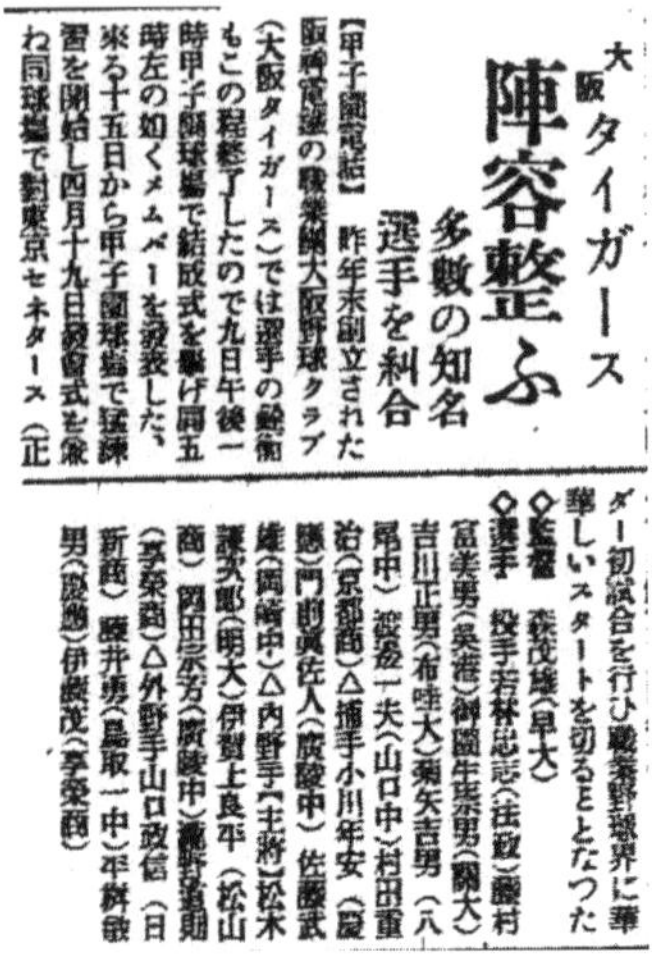

大阪タイガース
陣容整ふ
多數の知名
選手を糾合

【甲子園電話】昨年末創立された阪神電鐵の職業團大阪野球クラブ（大阪タイガース）では選手の銓衡もこの程終了したので九日午後一時甲子園球場で結成式を擧げ同五時左の如くメムバーを發表した、來る十五日から甲子園球場で猛練習を開始し四月十九日發會式を兼ね同球場で對東京セネタース（正ダー）初試合を行ひ職業野球界に華々しいスタートを切ることとなつた

◇監督　森茂雄（早大）
◇選手　投手若林忠志（法政）藤村富美男（呉港）御園生崇男（關大）吉川正男（布哇大）菊矢吉男（八尾中）渡邊一夫（山口中）村田重治（京都商）△捕手小川年安（慶應）門前眞佐人（廣陵中）佐藤武雄（岡崎中）△內野手【主將】松木謙次郎（明大）伊賀上良平（松山商）岡田宗芳（廣陵中）[illegible]（享榮商）△外野手山口政信（日新商）藤井勇（鳥取一中）平桝敏男（[illegible]）伊[illegible]（享榮商）

［資料 3-13］昭和 11 年 3 月 10 日 読売新聞

【宝塚電話】今回創立された阪急職業野球団は五日午前十一時から同社宝塚グラウンドでチーム結成式を行い引続き正午宝塚ホテルで披露の宴を張り選手名を左の通り発表した

◇監督　三宅大輔、村上実

◇選手△投手【主将】宮武三郎（慶應）山田勝三郎（明石中）石田光彦（豊浦中）△捕手　島本義文

（横浜高工）片岡勝（宝塚協会）△内野手　渡邊敏夫（法政）川村徳久（立命館大）宇野錦治（平安中）中村一男（中外商）△外野手　山下実（慶應）日高得元（平安中）

阪急の結成式が行われた四日後、ライバルの大阪タイガースの結成式が甲子園球場で行われた（資料3―13）。関西の両チームとも、プロ球団としての陣容がととのい、いよいよ実戦にむけて準備していくことになった。約一ケ月後の四月十九日に開催されるタイガースの本拠地（甲子園球場）でのお披露目試合が待ち遠しい。

記事（資料3―13）内容を示す。

【甲子園電話】昨年末創立された阪神電鉄の職業団大阪野球クラブ（大阪タイガース）では選手の選考もこの程終了したので九日午後一時甲子園球場で結成式を挙げ同五時左の如くメンバーを発表した、来る十五日から甲子園球場で猛練習を開始し四月十九日発会式を兼ね同球場で対東京セネタース（正午）金鯱軍（二時半）のダブルヘッダー初試合を行い職業野球界に華華しいスタートを切ることとなった

◇監督　森茂雄（早大）

◇選手　投手　若林忠志（法政）藤村富美男（呉港）御園生崇男（関大）吉川正男（布哇《ハワイ》大）

菊矢吉男（八尾中）渡邊一夫（山口中）村田重治（京都商）△捕手 小川年安（慶應）門前真佐人（広陵中）佐藤武雄（岡崎中）△内野手【主将】松木謙治郎[19]（明大）伊賀上良平（松山商）岡田宗芳（広陵中）滝野道則（享栄商）△外野手 山口政信（日新商）藤井勇（鳥取一中）平桝敏男（慶應）伊藤茂（享栄商）

金鯱軍を招いて
阪急軍が披露試合
20日から 寳塚で三回戦

多忙な
金鯱軍
スケジュール

大東京×名古屋軍
廿一、二両日・鳴海で披露試合

[資料3-14]昭和11年3月17日　名古屋新聞（鶴舞中央図書館所蔵）

関西でのプロ同士の初試合は、先にみたように、東京セネタース対金鯱軍戦（二月十五日）であった。しかし、両球団とも東京や名古屋のチームであり、地元関西の職業野球団の出陣が待ちのぞまれていた。阪急軍の結成式の挙行と監督・選手陣容が発表されてから十日後の三月十五日、ようやく、阪急軍対名古屋金鯱軍との試合が、宝塚球場において披露されるにいたった（資料3—14）。一方、岡田源三郎監督率いる金鯱軍は精力的に活動している。名古屋金鯱は、二月早々、東京巨人軍の米国遠征壮行試合の対戦相手となったのを皮切りに、関西でのプロ野球初試合（二月十五日、対セネタース戦）など活発に実戦を重ねていた。

記事（資料3—14）内容を示す。

このほど結成された阪急職業野球団は、その披露試合として来る二十日から三日間名古屋金鯱軍と三回戦を挙行することになった、会場は宝塚球場で毎日午後二時開始阪急軍は球界の超弩級山下、宮武の両選手を筆頭に新参加に北井投手（関大）西村外野手（関大）竹田外野手（同志社大）の三人を入れて陣容充実してきたから巧技の金鯱軍と取り組んで興味深いゲームが展開されるであろう

職業野球への飛田穂洲氏の批判

日本職業野球連盟主催の試合が、四月二十九日より始まることにそなえ、各球団は戦力を整備し、オープン戦をこなしながら実戦感覚をみがきつつあった。三月半ば、花だよりもちらほら耳にし、胸おどる球春の到来の期待がふくらむなか、産声をあげた職業野球にたいして冷や水を浴びせ掛けるような記事が、四日間にわたって（三月十五日〜十八日）、東京朝日新聞に掲載された（資料3—15〜3—18）。筆を執ったのは、学生野球の父といわれる飛田穂洲《とびたすいしゅう》氏[20]。職業野球というものにたいして世間は、当初、かならずしも全面的に歓迎というわけでもなかった。当時の野球界は、アマチュア野球こそ本家本元であり——実際、一高、早慶といった学生野球が、日本の野球界の黎明期を主導してきた歴史がある——、東京六大学野球がその頂点に君臨するという階層構造があっ

スポーツ
觀衆に魅力少い
職業團の顔觸
渡米選手に「見世物式たれ」
オドールの御託宣
興行野球と學生野球

［資料3-15］昭和11年3月15日　東京朝日新聞（鶴舞中央図書館所蔵）

た。突如、勃興したようにみえる職業野球自体は白眼視される対象であったことは否めない。まして、職業団によるアマチュア選手の強引ともみえる引き抜きによって、残されたチームの弱体化は看過できないという現実も露呈されつつあった。

ここに、「興行野球と学生野球」と題された飛田氏による記事を紹介したい。また、飛田氏の主張に対する市岡忠男氏による反論（読売新聞）は、のちにみることにする。

記事（資料3―15）内容を以下示す（傍点は中西）。キーワードは「興行野球」と「商売人」である。

職業野球団が各地に筍出的旗挙げをなしつゝある。あたかも興行野球時代が今にも出現しそうな形勢を示している。既に促成された興行野球団体の数は七八ツにのぼり、それ等が選手の吸引に狂奔しつゝあるというのであるから凄じい流行ぶりといわねばならない。

さて問題は手取り早く、此等の興行野球というものが、果して成り立っていくかどうかという事になるであろうが、中々楽観は許されまい。

〈中略〉

日本野球の生い立ちから国民性というようなものを考えて見ると、今日まで素人野球に馴致されて来た日本の野球ファンというものは容易に興行野球に飛付いてゆこうとも思われないし、第一発表されたところの職業野球団の顔触れでは技術的に見物を吸収する力がない。忌憚なくいえば職業選手として技倆相当と思われるものは僅々《きんきん》数人に過ぎまい。しかもこの数人が一団をなしているのではなく一二人ずつ分散加入しているという有様であるから、それ等団体の持つ力というものは気の利いた実業団野球にも及ばない程の微力というていい。職業野球団選手に転化したといわれる大学出身者或は大学選手の多くは第二流どころを出ないし、その他は野球浪人、若しくは中学選手をかき集めての編成であるから、技術の上において興行価値は甚だしく減殺されている。

〈中略〉

尤も興行野球ということになると、一般ファンや吾々が従来考えていたような堅苦しい野球精神とか野球道とかいうものから一切離脱して自由に振舞うことが出来、見物本位の行動も許されるであろうから興行方法については施すべき手段はいくらでもあるであろう。

これはまた聞きであるが、無論造り噺しではなさそうに思われるからちょっと参考までに紹介して置きたい。

昨年某職業野球団が渡米した際サンフランシスコでその乗船に出迎えたオドール[21]の注文は頗《すこぶ》る面白く、流石は商売人明ありと感服させられる。

船中の選手を摑まえてオドールは諸君が米国に来て野球を見せようとしたら必ず失敗する。米国人は諸君から野球の技術を見せて貰おうとはしていない。先ず諸君は第一に見世物の積りで野球場に立つことが最も必要である。

と喝破した。日本の野球商売人の技術を熟知せるオドールはこういう御請託をしてから更に言葉を続けて

日本の野球場には珍しい習慣がかなりに多い。打者が打席に入る前、審判者に礼儀正しく挨拶するなどは米国のように審判と選手との間が仇同士にある如く習慣づけられたところでは頗《すこぶ》る珍とするに足るし、必ず米国人の好奇心を唆《そそ》るに相違ない、これを忘れずやる事である。

次には守備につく前、攻撃に入る前、ベンチの前方で円陣を造って作戦をねる異風も米国にはない事であり、米国のファンはこの不可思議なる円陣に興味を繋ぐこと請合いであるからこれも度々行うがよい。

〈中略〉

二三年を出でずして簇出した興行野球団に異変が起れば又して野球浪人が激増するに違いないし、野球の縁に繋がる人々は頭痛の種となろう。

然し興行野球の将来を卜するなどそれを夢寐《むび》にも考えた事のない筆者の如きが深入りして論

ずべきではない。唯吾等は先人に注入されたところの伝統的日本野球を抱きしめ懐しんで、真のスポーツ野球に精進すれば足るし、時代に追われて素人野球が駆逐され衰亡に陥れば野球を談ぜぬまで、ある。スポーツの本義は物質関係を生ぜざるにある。技を売り球を弄ぶことに何等潔癖を持たなければ既にスポーツではない。

飛田氏の舌鋒鋭く、二の矢が放たれた（資料3—16）。「武士道」「野球道」といった言葉によって象徴される〝学生野球〟こそが、正統な野球であり、商売に走る〝興行野球〟などもってのほか、といわんばかりで一段低い野球として位置づける。また、「幾多同精神に育れ来《きた》った同志が興行野球に走ったことに一種の悲哀さえ感ぜられる。」のくだりに相当する人物とはだれのことか。それは、早大野球部草創期の同志、河野安通志や、飛田の薫陶をうけた東京巨人軍を取り仕切る市岡忠男のことをさすのであろうか。飛田の職業野球観によれば、職業野球は亜流の野球であり、本流は学生野球にあると強く説いている。しかしながら、現今の学生野球の状況に対しては大いに憂いを示している。

昭和十一年三月十六日

スポーツ

〝野球道〟に一變化
正統派の顚落
選手買收狂奔の弊

［資料3-16］昭和11年3月16日 東京朝日新聞（鶴舞中央図書館所蔵）

飛田氏の放った第三、第四の矢を示す（資料3

興行野球と
學生野球　飛田穗洲

勝利主義を清算し
質實剛健たれ
學生野球百年の計

［資料 3-17］昭和 11 年 3 月 17 日
東京朝日新聞（鶴舞中央図書館所蔵）

興行野球と
學生野球　飛田穗洲

笑止！若樣練習
部費に毒され
修養野球影無し

［資料 3-18］昭和 11 年 3 月 18 日　東京朝日新聞（鶴舞中央図書館所蔵）

―17、3―18）。

飛田氏は、職業野球を「興行野球」といった学生野球より低い位置におかれるべきものとして、強い嫌悪感を表わし論陣を張っている。それと同時に、現今の学生野球が、更生すべき次元にまで堕ちてしまっていることに警鐘を鳴らしている。時代の変遷は野球においても、明治から大正、そして昭和へと、その姿を変えつつある。飛田氏の怒りの根源には、時代の移り変わりとともに価値観が変容するという冷徹な事実を受け入れることへの戸惑いから生じているのではないだろうか。飛田氏の愛した野球が、このような姿になってしまった、という嘆きの声として聞くことができる。

学生野球と職業野球との溝

日本の野球界にとってたいへん不幸なことに、学生野球と職業野球とのあいだの溝はますます深まりつつあった。東京五大学野球連盟――日本大学、國學院大学、専修大学、中央大学、東京農業大学による野球連盟（昭和六年結成）――は、職業野球団との連携を一切遮断するべく、六大学側に提案し、六大学はそれに善処する（資料３―１９）、という。いよいよ、アマチュア球界とプロ球界とは、本格的に袂《たもと》を分かつ状態になっていく。

職業團と連繋斷絶
五大學提案に善處
昨夜の六大學役員會で決定

別項の東京大學野球聯盟では同日夜更に理事、評議員合同會議を開き、最近勃興しつゝある職業野球團の役員、顧問等の聯盟との兼務に就き種々協議せる結果次の如き內規を設け職業野球團との聯携を全然斷つことに決定した

一、職業野球團に關係を有し又は有したる者は當聯盟の役員たることを得ず、但し本年三月三十一日以前に於てこれに關係せるも當期日までにその關係を斷ちたる者はこの適用を受けず

なほ既報の如き東京五大學野球聯盟よりの提案に對しては六大學聯盟常務委員會（主將並にマネーヂャー）にて審議せる後更に理事會で最後的態度を決定する方針である旨五大學側に回答を與へた

六大學新評議員　東京大學野球聯盟昭和十一年度評議員は左の通り決定した
「法政」町田勇、由家應遊、和田謙也、武福國雄「帝大」龍元貞、兼東寛九郎、大木友雄、山本武彥「立敎」太田清一郎、山下德田邊忠男、三神武「早大」飛田忠順、橋戸信、山脇正作、押川清「慶應」櫻井彌一郎、高濱德一、島田善介、吉川清「明治」尾崎東、高橋信郎、伊勝次郎、海老塚進一

［資料3-19］昭和11年3月18日 東京朝日新聞（鶴舞中央図書館所蔵）

戦時体制への道（６）陸軍の政治権力の増大

二・二六事件後、陸軍の政治的発言力はしだいに大きくなっていった。それは、早々、新内閣（広田弘毅内閣、昭和十一年三月九日発足）の政綱政策声明案文をめぐる介入に現われた。資料３

―20にあるように、陸軍案をそもそも議論し検討する余地を与えないことを示唆する見出し「陸軍案を鵜呑み」が象徴的である。また、陸軍の政権運営への関与の度合いが強まっていくことを物語る記事もあわせて紹介したい（資料3―21、3―22）。

陸軍側の要望
實行の決意を示せ
寺内陸相の强硬主張
閣議に臨む四閣僚
實行豫算の編成
前内閣の方針を踏襲
廣田首相参内
一般政務奏上
寺内陸相参内

［資料3-21］昭和11年3月18日夕刊　新愛知新聞（鶴舞中央図書館所蔵）

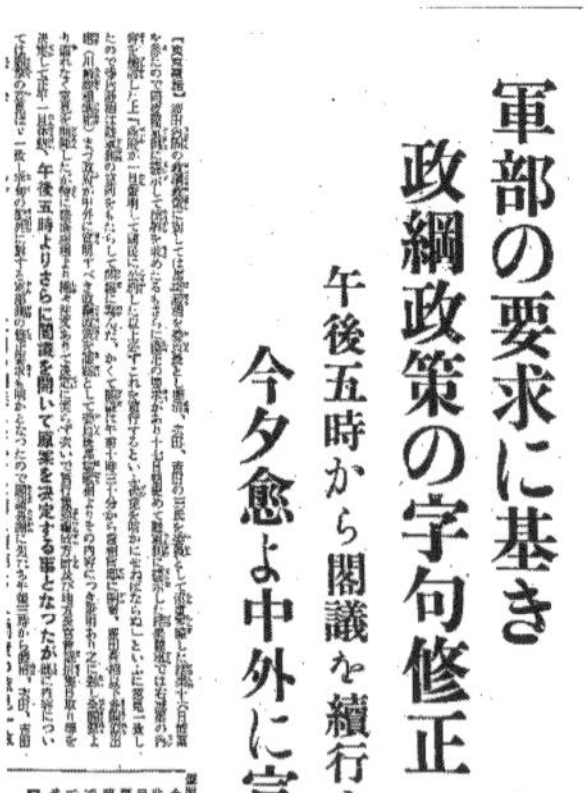
軍部の要求に基き
政綱政策の字句修正
午後五時から閣議を續行し
今夕愈よ中外に宣明

［資料3-22］昭和11年3月18日夕刊
新愛知新聞（鶴舞中央図書館所蔵）

陸軍案を鵜呑み
一時間四十分に亘る再閣議で
政綱政策聲明案文漸く決まる
聲明發表迄の經過

［資料3-20］昭和11年3月18日
新愛知新聞（鶴舞中央図書館所蔵）

名古屋軍の米国人助っ人

名古屋軍の首脳、田中斉と河野安通志は、飛田氏とはちがった点で日本の野球のあるべき姿の理想をいだいていた。河野は、日本運動協会——通称芝浦協会、関東大震災後、宝塚運動協会——の運営に辛酸をなめたが、いま、不死鳥のごとくよみがえり、ふたたび、あるべき理想の新球団のチーム編成に強い意欲を示していた。彼のチーム作りの根幹は、六大学出身などのスター選手といった既製の選手に頼るのではなく、選手の公募と育成、そして米国のプロ経験を有する優秀な選手を獲得することをつうじた戦力アップである。それは現在では普通に行われているファームシステムによる戦力強化と外国人選手による補強である。職業野球が始まろうとしていた当時、おおむね他の球団は、既製の選手獲得に奔走していたことからみると、名古屋軍のあり方はかなり異彩を放っていたといえる。このような方針は、田中と河野が掲げた理想、とくに河野安通志の永年の夢が反映されたものとみることができる。宝塚運動協会のときとちがって、対戦チームも多数誕生したうえ親会社もバックアップしてくれるから心強い[22]。こんどこそ、うまくいきそうだ——事実、名古屋軍の後身として、現在も中日ドラゴンズが生きつづけている。

名古屋軍に加わった米人選手は三人であった。田中や河野は多方面の人脈を駆使して、優秀で、かつ、人物にすぐれたプレーヤーを獲得した。彼らは球団発足当初、チームの中心選手として活躍していくことになる。資料3—23および3—24は、三人の米国人選手の来日を伝える記事である。

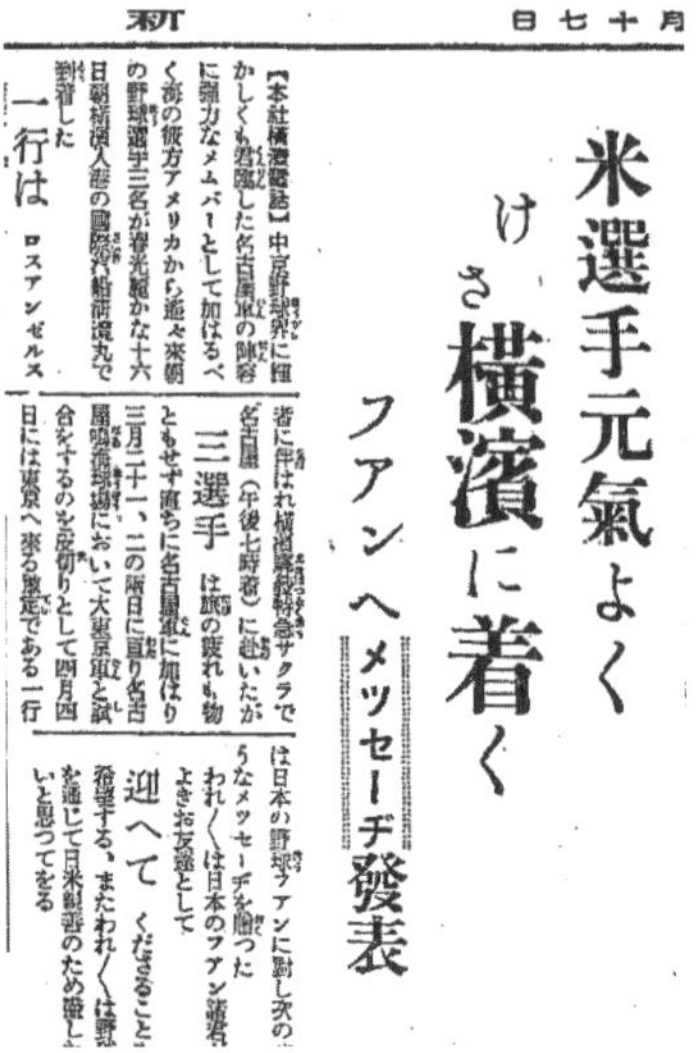

月十七日　　新

米選手元氣よく
けさ横濱に着く
ファンへメッセーヂ發表

【本社横濱電話】中京野球界に輝かしくも君臨した名古屋軍の陣容に強力なメムバーとして加はるべく海の彼方アメリカから遥々來朝の野球選手三名が春光麗かな十六日朝横濱入港の國際汽船淸澄丸で到着した

一行は　ロスアンゼルス者に伴はれ横濱驛發特急サクラで名古屋（午後七時着）に赴いたが

三選手　は旅の疲れも物ともせず直ちに名古屋軍に加はり三月二十一、二の兩日に亘り名古屋鳴海球場において大東京軍と試合をするのを皮切りとして四月四日には東京へ來る豫定である一行は日本の野球ファンに對し次のやうなメッセーヂを贈つた

われ／＼は日本のファン諸君よきお友達として

迎へて　くださることを希望する、またわれ／＼は野球を通じて日米親善のため盡したいと思つてをる

［資料 3-23］昭和 11 年 3 月 17 日夕刊　新愛知新聞（鶴舞中央図書館所蔵）

［資料 3-24］昭和 11 年 3 月 17 日夕刊　新愛知新聞（鶴舞中央図書館所蔵）写真は、左よりバッキ―・ハリス氏、バスター・ノース氏、高橋吉雄氏と出迎えの原田東京軍マネージャー）＝電送＝（下）熱田神宮に結成奉告参拝の名古屋軍選手

三人の米国人助っ人の獲得にあたっての名古屋軍の考えかたが中日球団史に記されている。(23)

……〈中略〉日本国内の選手の供給源は、とても、せまかったのである。そこで、アメリカの球界から選手を求めようと考えたのであるが、その点、アメリカの留学中に、プロ野球にふれてきている田中と（河野と）は、相通じるものがあって、了解が成り立ちやすかったのである。

〈中略〉

アメリカから選手を呼ぶからには、日本のプロ野球に、プラスになるような実力のあるプレーヤーでなくては意味がないというので、百方、手をつくして交渉に当たった。幸いに、アメリカ生まれの二世で、明大OBである松本滝三[24]、鈴木惣太郎[25]らの協力もあって「ロサンゼルス日本」から、ノース投手、ハリス捕手、高橋吉雄遊撃手の三選手を獲得することができた。この三選手は人がらもよく、野球をよく知った名プレーヤーぞろいで、ファンにも人気があった。とくに、捕手ハリスは、日本の球界に多くの功績を残した。アメリカのプロチームの経験もあって捕手技術もインサイドワークも高度で、捕手のあり方について、実戦的に模範を示し、多くの教訓を残した。……〈後略〉

「友軍」同士の結成記念披露試合（大東京軍対名古屋軍）

プロ野球チーム同士の初披露試合は、すでに、三度の場面で行われていた。最初は東京巨人軍対名古屋金鯱軍（二月九日・鳴海球場）、二番目は東京セネタース対金鯱軍（二月十五日・宝塚球場）、三番目は阪急軍対金鯱軍（三月二十日・宝塚球場）、いずれの機会にも名古屋金鯱軍がかかわっていた。あと残っているのは大阪タイガース、名古屋軍、そして大東京軍であった。そこで今度は、名古屋軍と大東京軍の披露試合が三月二十二日から鳴海球場で行われることになったことをみてみたい。名古屋軍と大東京軍はともに僚友である。田中斉の構想によって両球団は設立され、田中自身、二つのチームの経営的な面倒をみていた。今では考えられないことだが、ひとりのオーナーが二つのプロ野球団を持っていたのだ。

両球団の結成披露試合が名古屋で行われた――大東京軍が東京に名古屋軍を招いて、試合を行う適当な球場が持ち合わせていないのが現状であった。球場問題は、東京巨人軍でさえ苦労を強いられており、東京セネタースも然りであり、もちろん、大東京軍も同様であった。当分のあいだは、職業野球団は、中京地方（名古屋市郊外の鳴海球場）、あるいは関西（甲子園球場、宝塚球場）に遠征せざるをえなかった。東京において、プロ野球専用球場を作ることは喫緊の問題であった――在京球団のうち、セネタースが昭和十一年八月下旬、西武鉄道沿線上井草に、そして、大東京軍は十月半ば、城東地区の洲崎に専用スタヂアムを竣工させた。東京巨人軍は、チームをいち早く結成させたが、本拠地となる専用球場を建設することへの準備がおくれていた。

さて、大東京軍対名古屋軍との結成記念披露試合が、名古屋市郊外の鳴海球場で開催される旨、またJOCK（名古屋放送局）によって実況中継放送が行われることを伝える記事が出た（資料3―25、3―26、3―27）。

田中斉が読売の正力に対抗して構想する「大日本野球連盟名古屋協会」[26]――実際は、「大日本野球連盟」というものが実体としてあるのではなく、言葉上のこして存在感を主張しているようなも

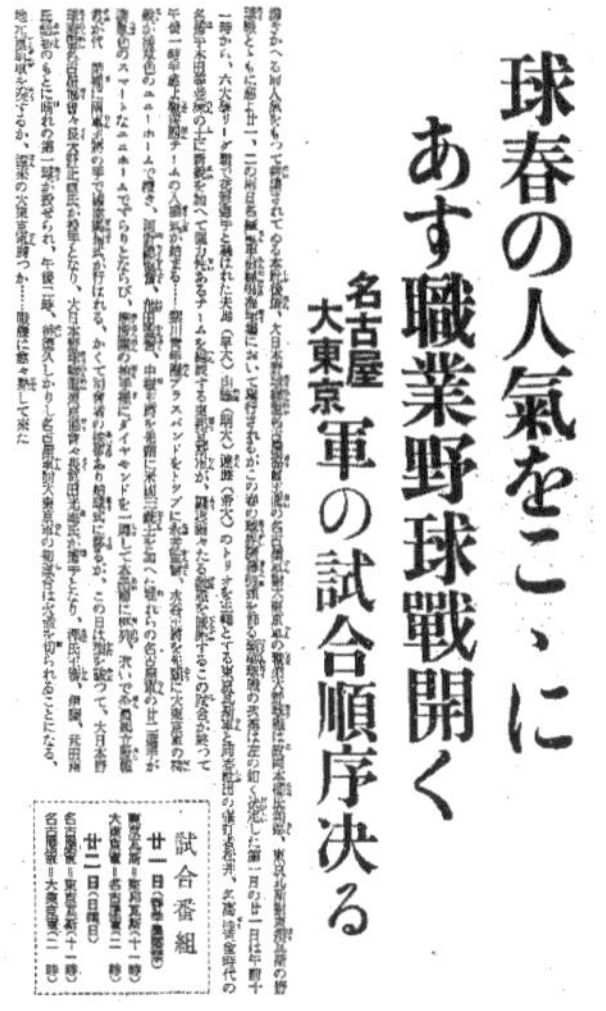

球春の人氣をこゝに
あす職業野球戰開く
名古屋 大東京軍の試合順序決る

試合番組

[資料3-25]昭和11年3月20日　新愛知新聞（鶴舞中央図書館所蔵）

大東京軍對名古屋軍
結成記念披露野球試合
鳴海球場より實況中繼放送
第二放送 後一時五十分

[資料 3-26] 昭和 11 年 3 月 21 日　新愛知新聞（鶴舞中央図書館所蔵）

CK版
名古屋【CK】 福井【FG】
濱松【DG】 富山【IG】
金澤【JK】

第二放送

AK第二

BK第二

CK第二

△午後一・五〇 大東京軍對名古屋軍野球試合實況（鳴海球場より中繼）

[資料3-27]昭和11年3月21日　新愛知新聞（鶴舞中央図書館所蔵）

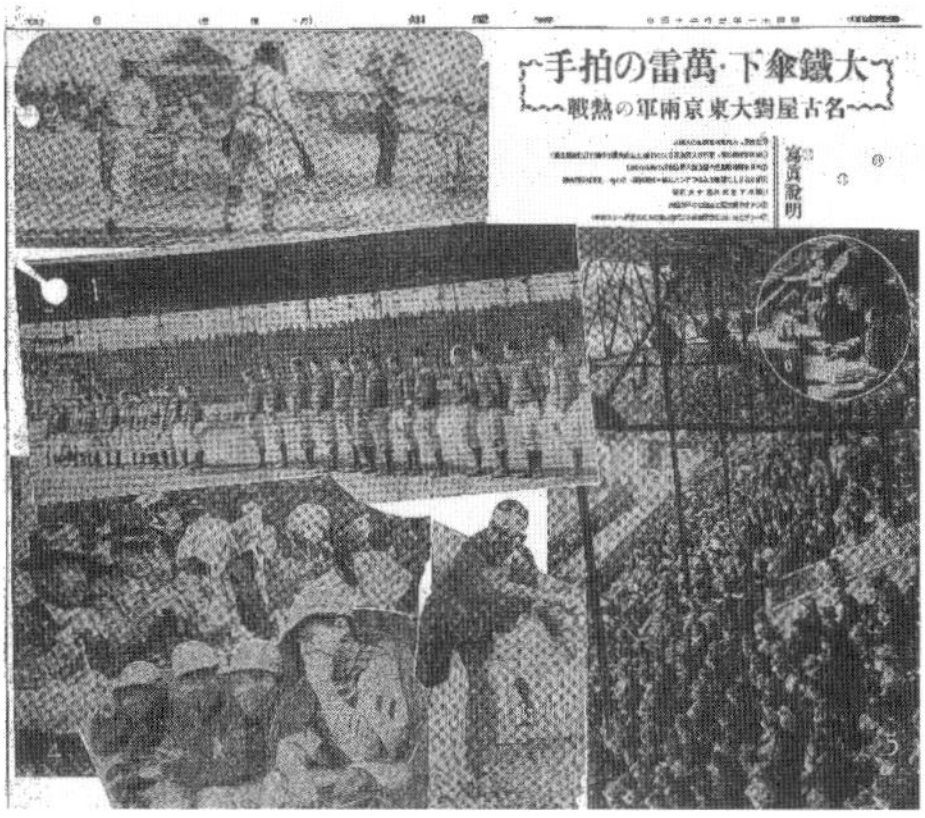

大鐵傘下・萬雷の拍手
名古屋對大東京兩軍の熱戰

寫眞說明

[資料 3-28] 昭和 11 年 3 月 23 日　新愛知新聞（鶴舞中央図書館所蔵）

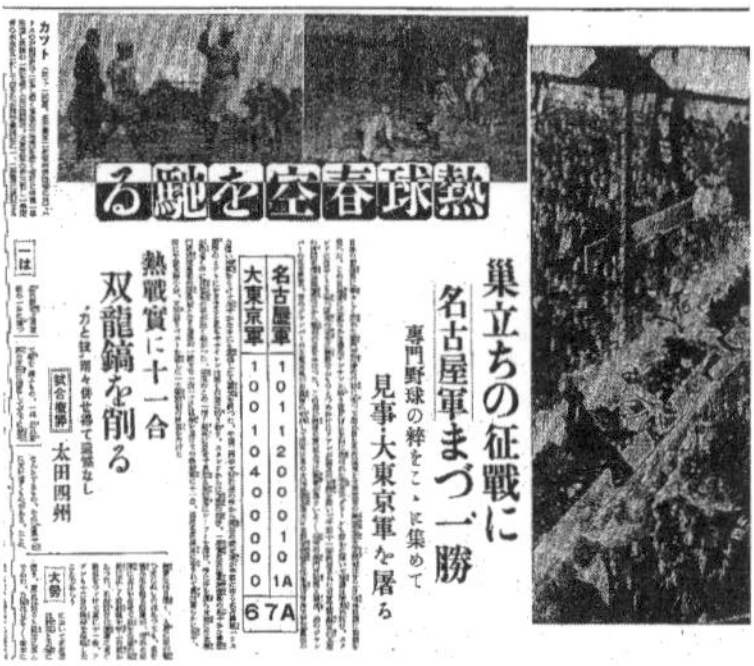
熱球春空を馳る
巣立ちの征戦に
名古屋軍まづ一勝
専門野球の粋をこゝに集めて
見事・大東京軍を屠る
熱戦實に十一合
双龍鎬を削る

[資料 3-29］昭和 11 年 3 月 23 日　新愛知新聞（鶴舞中央図書館所蔵）

この興奮！この感激！
息詰る大接戦
さすが三銃士選手
ピンチを忽ち勝利へ
涙ぐましいハリス君の奮闘
名古屋軍勝利の瞬間

[資料 3-30］昭和 11 年 3 月 23 日　新愛知新聞（鶴舞中央図書館所蔵）

のである――が主催し、新愛知新聞社が後援するというかたちで名古屋軍の披露試合が行われたがなかなかの盛況であった。その模様を示しているのが資料3―28、3―29の新聞記事である（新愛知新聞）。また、資料3―30の記事は試合当日の球場風景がえがかれている。

記事（資料3―30）内容の一部を記す。

待ち切れないほど待ちこがれていたこの一瞬だった……珍しくも春空がからりと高く晴れ渡った二十二日は早朝から鳴海へ〳〵と野球ファンの行進が続いて、戦前既にメーンスタンドは満員の盛況、多数の麗人まで美しく大鉄傘下を彩る、ポカ〳〵と暖かな外野の芝生もピクニック気分の家族連れの人々や熱心な好球家大衆によって刻々黒く塗りつぶされて行き、今年

初めての大入満員となって名古屋軍対大東京軍の専門野球初試合は球都を飾る華やかな幕開きとなった

写真説明・名古屋軍勝利の刹那（上）サイン攻めの人気者ハリス捕手（下）熱狂の名古屋軍応援団

大阪タイガース結成披露

さて、プロ同士の試合をまだ披露していないチームがある。それは大阪タイガースであった。会社としての球団の創立は東京巨人軍についで二番目に早かったがチームとしてのメディアへの登場はほとんどない――藤村、若林、景浦らの入団を伝える記事をのぞいて。おそまきながら、三月下旬にいたってようやく、タイガースの結成が披露されるにいたった（資料３―３１、見出し「大阪タイガース　きのう盛大な結成披露」）。三月二十五日、甲子園ホテルで開かれた結成披露の場で球団応援歌「大阪タイガースの歌」――現「阪神タイガースの歌」（通称「六甲おろし」）佐藤惣之助作詞・古関裕而作曲――が披露された。

大阪タイガース
きのふ盛大な結成披露

【大阪電話】かねて大阪[illegible]が中心となり設立準備中の職業野球団大阪タイガースは二十五日午後六時より甲子園ホテルに職業野球関係者、新聞関係者ら多数を招待して同チーム選手関係者出席の上盛大な結成披露宴を張つた、なほ同チームは四月十九日名古屋金鯱軍および東京セネタースを迎へ結成披露試合を挙行するはずである、なほ発表された選手の氏名は左の如し

【監督】森茂雄（早大）【投手】若林忠志（法政）藤村富美男（呉港中）[illegible]（八尾中）古川正男（ハワイ大学）村田重治（京橋商）渡邊一夫（山口中）【捕手】小川年安（慶應）門前眞佐人（広陵中）佐藤武夫（岡崎中）【内野手】松木謙次郎（[illegible]、明大）景浦將（立教）[illegible]（[illegible]）伊賀上良平（松山商）岡田宗芳（[illegible]）【外野手】平桝敏男（[illegible]）御園生崇男（関大）山口政信（日新商）[illegible]（鳥取一中）[illegible]（[illegible]）

［資料3-31］昭和11年3月26日　名古屋新聞（鶴舞中央図書館所蔵）

記事（資料３―３１）内容の一部を記す。

【大阪電話】かねて大阪阪神電鉄会社が中心となり設立準備中の職業野球団大阪タイガースは万端の準備整い二十五日午後六時より甲子園ホテルに職業野球団関係者、新聞関係者ら多数を招待して同チーム選手関係者出席の上盛大な結成披露宴を張った、なお同チームは四月十九日名古屋金鯱軍および東京セネタースを迎え結成披露試合を挙行するはずである、……〈後略〉

戦時体制への道（7）世間の自粛ムード・思想統制へ

二・二六事件が起きた翌朝、東京市（現東京都23区の一部）には戒厳令が施行された。それを受けて、日本国内では、浮れてしまうことを良しとしない風潮が生まれた。国全体が、いわゆる、自粛モードにつつまれていった。上からの命令ではなく臣民がみずからすすんで自己を律するという、権力者にとってはまことに好都合な支配の図式が構築されていくことに寄与していたともいえる。春になると、各地方では恒例の祭事が行われる。しかし、昭和十一年は、様子がいつもとちがうようだ。名古屋での祭りを例に引いてみよう。「お祭騒ぎを遠慮し……」「時局に鑑み……」といった見出しの記事が見られる（資料3―32）。「時局」という言葉がパワーをもって独り歩きして、ひとびとの自由な意志や思考を、そして結果的に、ひとびとの行動をみずから制限していくことになる――このような習性は、戦前の特殊な時期にだけ現われたのでなく、現代でもいつでも起こり得ることであり、現に起こっている、ともいえる。

記事（資料3―32）内容の一部を記す（傍点は中西）。

[資料3-32] 昭和11年3月26日
新愛知新聞（鶴舞中央図書館所蔵）

[資料3-33] 昭和11年3月29日
名古屋新聞（鶴舞中央図書館所蔵）

桜の季節、陽春四月十六、十七両日例年行われる東照宮例祭〝名古屋祭〟は古典的な御輿の渡御、春宵を山車の宵祭りによって春の大名古屋を飾る行事の華として華麗な伝統を誇り一昨年は九台が全部で揃って床しい古曲ナゴヤを偲ばせ昨年は六台と毎年その数に大きな興味がかけられているが今年はそれが全部姿を現わさないことになった理由は時局に鑑みてお祭り騒ぎは遠慮するという山車を持つ九ヶ町の申し合わせである、……

〈後略〉

資料3―32のほかに四つの新聞記事紙面を提

修身國史公民科の教授時間増加
各大學教授の講義内容を監視
教學刷新答申原案要項

［資料3-34］昭和11年4月19日
新愛知新聞（鶴舞中央図書館所蔵）

"赤"防止善導
控訴院所在地に保護観察所設置
思想犯保護観察法要項

［資料3-36］昭和11年4月29日
新愛知新聞（鶴舞中央図書館所蔵）

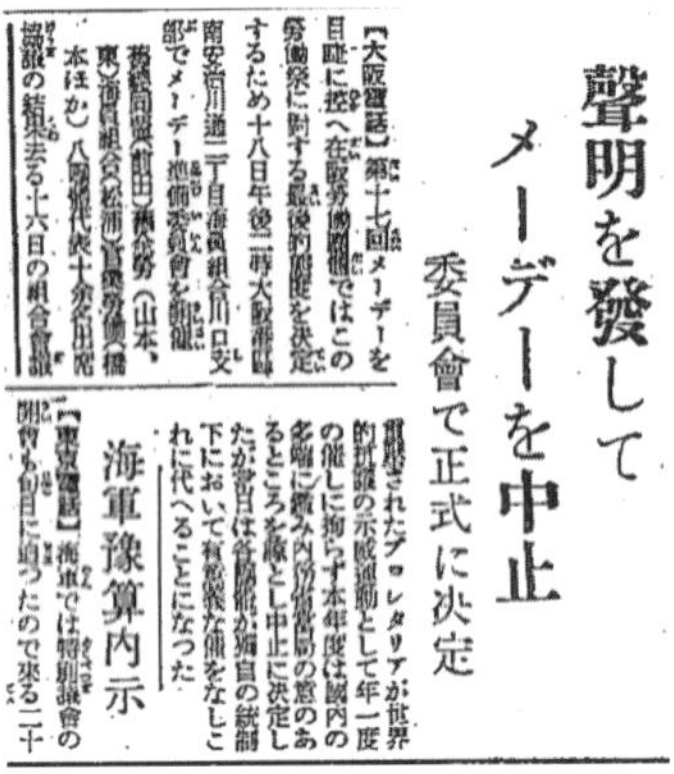
聲明を發してメーデーを中止
委員會で正式に決定
海軍豫算內示

［資料 3-35］ 昭和 11 年 4 月 19 日
新愛知新聞（鶴舞中央図書館所蔵）

示したい。それらは、若者たちの嗜好や娯楽を取り締まる言説（資料3―33）、教育現場におけるある特定の教科目の重点化や大学での教授内容の監視（資料3―34）、メーデーの中止（資料3―35）、そして、共産主義化を阻止するための法的措置（資料3―36）である。「声明を発してメーデーを中止」（資料3―35）ではこう書かれている。「……年一度の催しにも拘らず本年度は国内の多端に鑑み内務省当局の意のあるところを諒とし中止を決定した……」（傍点は中西）。ひとびとの自由な精神は徐々に侵食され、ある特定の言表や行為がうながされるように身体化されていく。

飛田氏の主張への市岡忠男氏の反論

東京朝日新聞紙上で展開された、飛田穂洲氏による職業野球に対する批判をうけて、日本職業野球連盟の実質的な中心人物である市岡忠男氏――市岡は、早大野球部飛田監督の下、学生野球のなんたるかの指導を受けてきた――は、師匠にたいして公然と反旗をひるがえした。しかし現今の学生野球の状況を憂う点では、両者は一致している。飛田氏は、学生が学生の本分を忘れ、学生野球が職業化――つまり、高額な金銭の授受が常態化――、している点で、指導者もふくめて堕落していることを難じている。一方職業野球は、事業として展開しているのだから、当然、飛田氏のいうところの「商売人」である。しかし、その言葉にはどこか軽蔑的な響きがする。それは「興行野球」という言葉によって象徴的に表わされている。

市岡氏は、学生野球を救わねばならぬという心情は飛田穂洲氏と同じであるが、そのアプローチがまったくちがう。市岡氏は、学生野球を救済するためにも、ぜひ、今の日本には職業野球が必要であると信じてうたがわない。また、飛田氏による、あまりにも憶測にもとづいた乱暴な議論がおおやけにされて、そのまま放置するわけにはいかぬという職業野球の盟主としての市岡氏の自負心が奮い立った。

それでは、市岡忠男氏の飛田氏の主張に対する反論をみてみよう。それは、「球界の暴論を駁す」

球界の暴論を駁す（上）市岡忠男
學生球界を救ひ
眞の野球道建設
職業團の抱く理想

[資料3-37]昭和11年3月28日 読売新聞

というタイトルのもとに、二回にわけて、読売新聞紙上（三月二十八日、二十九日）で展開された。まず、最初に出された市岡の論をみてみよう（資料3―37）。

記事（資料3―37）内容の一部を以下示す。キーワードは、「日本の真の野球」である。

日本の学生野球は五十年の間常に日本球界の最高峰として独歩の地位を占めてきた。そして技術的には最早これ以上望めないところにまで到達した。これは学生というアマチュアであるがための当然な帰結である。永年その推移を見守ってきた多くの野球ファンはもうこれでは満足できない事になった。その上学生野球の職業化はかなり以前から幾多の弊害を暴露している。それは今日職業野球を非難する某氏自身もこれを認めて慨嘆しているところで、我々も至極同感である。然らばこの行詰った野球技術と、頽廃し来った精神を救って「日本の真の野球」を築き上げる途は如何。これこそ一般野球ファンの期待するところであろうと思うが、われ等はそこに職業野球の存在を認めるのだ。学生野球の弊害を芟除《せんじょ》するためには職業野球以外に途はなく、現在以上に進歩せる技術を見んと欲せばこ、にもまた職業野球以外に望むことはできない。我々職業野球に志すものはこゝに刮目《かつもく》して「日本の真の野球」を築き上げ「野球の真髄」を伝え、以て何百万ファンの期待と満足を得たいと思っているのである。

従って我々は日本に真の野球道を建設し「日本式野球」の精神を体して一日も早く強力なチームを結成する事を念じている。事実我々の巨人軍は昨年の渡米遠征に於て百十日間に転戦百五回、而も六割九分という勝率を挙げて帰った上、内地の転戦四十回に三十六勝し九割の勝率を記録している。かくの如き勝率が未だ曾て他のチームに記録された事があるであろうか。我々は設立の初年に於て早くも現実に日本一の強みを発揮したのである。又新に出来た職業団チームにしても既に逸早く強力を謳われているものもある。これ等のチームが集まって結成された全日本野球連盟が前途の目的に向って邁進しつゝあるのである。

職業野球を非難するのも、真実を捉えてするならば一応肯《うな》づかれるであろうが、誤れる前提に立って認識不足の議論を臆面もなく記すに至っては到底看過することはできない。某氏の言の如きは正に之である。実際同氏は巨人軍の昨年の試合を一回でも見たことがあるのか、巨人軍のあの強さと、あの洗練されたる技術とスポーツマンシップとを知らないのであるか、職業野球の抱く理想をそれ等選手の言動から汲むことができないのは実際を見ていないからである。巨人軍の第一回渡米の成功を評して「職業野球は金さえとればいゝ、見世物だ」と断定しオドゥール氏が巨人軍に注意したという「見世物野球をやれ」という言葉を引張り出して宛《あたか》も

球界の暴論を駁す（下）

市岡忠男

大和魂を打込む
獨特の"日本式野球"

「躍進帝國」の使命擔ふ職業團

[資料 3-38] 昭和 11 年 3 月 29 日 読売新聞

巨人軍がそれをやったことによって成功したかの如き想像を読者に与えている。「見世物」とは日本人の観念に於てはいわゆる「インチキ」である。即ち戦力のないチームが種々人気を呼ぶような興行政策をやってその場だけ成功しようという「見世物野球」である。だが我々は生憎そうしたケチな観念の世界に住んでいなかった。……〈中略〉……インチキや八百長や、曲芸や、弄球的の野球で何で世界の争覇戦が望まれよう。世界の争覇戦どころか一年とたゝないうちにファンに見捨てられること必然ではないか。見世物野球に釣られ程ファンは馬鹿ではない。又自ら求めて死地に陥る程職業野球の当事者も馬鹿ではないのだ。

これ位の理屈は子供でも知っている初歩経済学の原理である。現在の職業野球の技術は理想的でなくその精神も亦理想的とまではゆかないかも知れないが、これは過渡期の現在止むを得ないことである。要は我々の職業野球に対する確固たる指導精神と今後のたゆみなき努力にかゝっていることである。学生野球が血と涙と汗の結晶であって職業野球がさに非《あら》ずと考えるならそれを偏見といわずして何をかいう。今は亡き内海先生[27]も「凡《あら》ゆる芸術、凡ゆるスポーツに於てそれが専門化し、職業化して初めて真の価値を発揮し得られる」と喝破されている。

市岡氏は、飛田氏への反論の第二弾として、「大和魂」「躍進帝国」の言葉をもちいて、職業野球の正当性を主張した（資料3―38）。しかしながら、それらの言葉は、軍国主義化しつつある当局にとって好ましい精神を体現するものである。市岡氏が、困難な時代に職業野球が生れたことを念頭において、職業野球を発展、存続させていくためには当局を敵にしてはならない、という意識があったのだろう。当面の学生野球の浄化の問題――職業野球をもって対処するのはやや無理のある論であるが――や、戦時体制にむかいつつある時局に応じるために、誕生したばかりの職業野球の意義を主張する市岡氏の気持ちはよくわかる。しかし、職業野球の理想を未来にむけてもっと語ってもよかったのではないか。飛田氏の学生野球論にたいする市岡氏の反論を、永田陽一はつぎのように批判する。「これまでの学生野球を中心とした日本野球からプロ野球創設という新たな道へ大きく舵を切ろうとしていたにもかかわらず、市岡の羅針盤からは将来の指針が見えてこないのである(28)」。

さて、名古屋軍は地元鳴海球場でのデビュー戦（対大東京軍）をおえたのち、約一ケ月先の日本職業野球連盟主催のリーグ戦開催までのあいだ、いくつかの実戦を行って調整していくことになっていた。資料3―39の記事の見出しには、「われらの名古屋軍　東西各地で転戦」と記されてい

われらの名古屋軍
東西各地へ轉戰
過去全勝の余勢を驅って
先づ四月三日静岡で

われらの専門野球團名古屋軍は大東京軍を鳴海球場に迎へて再度凱歌を奏し、その二軍さへも六大學リーグの花形選手を網羅する東京[illegible]軍を撃破し、新興のわがプロフェッショナル野球界に燦然光彩を放つてゐるが、ホーム・グラウンド鳴海に於ける絶對必勝を期して試合を終へたので愈よ東西へ轉戰することとなり、最近のスケジュールを次の如く決定した

四月三日（静岡球場）
全静岡＝名古屋（正午）
名古屋＝大東京（二時半）

四月四日（大宮球場）
名古屋＝森　永（正午）
阪急軍＝大東京（二時半）

四月五日（大宮球場）
大東京＝東京[illegible]（正午）

名古屋＝阪急軍（二時半）

四月十一日（寶塚球場）
名古屋＝阪急軍（正午）
大東京＝ブレーブス（二時半）

四月十二日（寶塚球場）
大東京＝名古屋（正午）
阪急軍＝ブレーブス（二時半）

［資料 3-39］昭和 11 年 3 月 31 日 新愛知新聞（鶴舞中央図書館所蔵）

る。東西とは具体的には、静岡、大宮、宝塚を指している。対戦チームでいえば、四月の前半において、まず静岡球場でお馴染みの対大東京軍戦など、そして大宮球場では対阪急軍戦などが組まれている。さらに、新愛知新聞社の招聘による「ハワイ・ブレーブス軍」の来日（三月下旬から四月下旬まで）。ブレーブス軍は、手始めに早大などとの試合、さらには横浜にて川崎コロムビアなどとの試合を経て、四月半ばより宝塚球場などで対阪急軍戦を行う予定だ。その後、名古屋にはいって、四チーム——名古屋軍・大東京軍・阪急軍・ブレーブス軍——による試合が計画されている（大日本野球連盟名古屋協会主催・新愛知新聞社後援）。

戦時体制への道（8）ナチスの大勝利

ドイツ労働党を前身とし、一九二〇年（大正九年）ミュンヘンで最初の大会を開き党名がナチスに改められ、翌年、ヒトラーが党首になってからは暴力的な突撃隊によって次第に勢力を増して

ナチス大勝利
依然壓倒的に支持
得票數九割八分
獨逸總選擧終了す
熱狂のドイツ全土
ヒトラー總統、再三再四
群衆の歡呼に挨拶

［資料 3-40］昭和 11 年 3 月 31 日　国民新聞（国立国会図書館所蔵）

いった。一九三二年（昭和七年）七月の総選挙で三七、四%を獲得して第一党に躍進し、翌三三年（昭和八年）一月、ヒトラー政権が樹立された。資料3―40の記事は、一九三六年（昭和十一年）三月に行われた総選挙でのナチスの大勝利を伝えるものである。記事の見出しには、「得票数九割八分」と記されている。おどろくべき数字である。

時代の情景（4）ベルリン・オリンピック放送陣決まる

昭和十一年は、ベルリン五輪が開催される、まさにオリンピック・イヤーであった。日本は、四年前の第十回大会――ロサンゼルス五輪――で、水泳競技などの大躍進をうけて大いなる意気込みとともにベルリン大会にのぞんでいた。当時は、スポーツの発展が国威発揚に通じるという観点から運動競技全般が奨励されていた。強国日本を構成する一員として、強い国民がもとめられていた。学生野球は、そのような点において、身体的かつ精神的な規律訓練を行ううえでひろく受け入れられてきた、とみることもできる――中等学校野球（現代の高校野球）をはじめとする学生野球は、より大きな文脈からみれば、富国強兵を担う若者を生産するシステムと合致して発展してきたのかもしれない。

河西、山本両君
派遣と決る
オリムピック放送陣

［資料 3-41］昭和 11 年 4 月 10 日　国民新聞（国立国会図書館所蔵）

ともあれ、四月になり、新しい年度に入り（昭和十一年度）、いよいよ各界で準備が始まっていく。オリンピック中継放送を担うべく、東京放送局（現ＮＨＫ）は放送陣の派遣を決め、それを発表した（資料３—４１）。あの「前畑ガンバレ」の連呼を行った河西三省アナウンサー[29]が選ばれていた。

名古屋金鯱軍監督岡田源三郎の寄稿

飛田穂洲氏による職業野球批判——「興行野球」として蔑視の論調——への反論を行った市岡忠男氏への援軍として、職業野球団名古屋金鯱軍監督の岡田源三郎氏（明大出身）が、金鯱軍の親会社の名古屋新聞紙上にその論陣を張った。岡田氏による論は三回にわたってなされた——四月十一日、十三日、十四日——が、ここでは最初に掲載された主張を取り上げてみたい（資料３—４２）。岡田氏は、日本の野球界が学生野球を中心としてまわってきた状況の今日的な閉塞感を「小児病的道義感」に起因するものとみている。

スポーツの職業化にたいする嫌悪について、岡田はつぎのように言っている。「強いていえばスポーツ神聖という潔癖性に由来していると思われる、しかしこれはアマチュアスポーツに馴れてきたわが国の人々の一種の小児病的の道義観に他ならない、一流画家が広告図案に執筆したりすると世間は白眼視したり、純粋小説家が大衆小説を書けば作家の堕落といわれるのとひとしく、たゞ武士は食わねど高楊枝の潔癖観念に起因しているものの如くであるが勿論アマチュアスポーツの興行化、職業化がその精神において非難されるべきは当然であるが、何もプロに対する否定材料となり得ない、職業団が発生して何も野球道の堕落にはならない、野球の領域の拡大であり、アマチュア・ベースボールをスポイルするものでは決してない」、と。

　職業野球をめぐる、飛田―市岡論争は、新聞以外の媒体においても注目された。雑誌『野球界』では、直木不二夫氏による言及（「飛田氏と市岡氏の観点」）が掲載された。直木氏の主旨が現れている部分を引いてみる[30]。

　一つの場所に飛田氏と市岡氏は云わゞ背中合せに立っているのである、飛田氏は日本の学生野球の通って来た道を理論的に跡づけて、かくなるべき学生野球が、かくの如くなったのは、まさしくこれは邪道である。だから学生野球はもとのアマチュアリズムの本道に還えるべきであると云うのである。即

職業野球の展望
スポーツ時言
岡田源三郎

［資料3-42］昭和11年4月11日
名古屋新聞（鶴舞中央図書館所蔵）

ち「うしろむきの預言者」なのである。

それに対して市岡氏は学生野球が、かくある以上、此の時より新しい観点に立って、職業として、野球の分野に歩を進めて行こうと云うのであって、新しく日本の球界に将来の見通しを建設しようとする、云わゞ「まえおきの預言者」であると云い得るだろう。しかも、一つは学生野球、他はプロ野球と指導理論が異った立場に於て、復古を叫び、維新を強調した所で、キップリングの言葉を引き合いに出すならば「東は東、西は西」で、背合せでいくら進んで行っても永久に出合うことはないのである。

こうした、球界に捲き起された言論の嵐の裡で飛田氏の叫ぶ学生野球は、それ自陣アマチュア野球としての生命を持って合理的な存在をつゞけるであろうし、又市岡氏の云うプロ野球は時代の生んだ必然的な産物であれば、何にも学生野球にとって代らなくとも、それ自身の生命の中に社会性を見出すであろう。……〈後略〉

ここに起った野球論争は、飛田対市岡といった二項対立的図式に回収して論評される傾向にある。しかし、永田陽一は市岡論たいして、ひとつの見識を示す。「結局のところ、一九三六年の野球論争では、プロ野球陣営の側から積極的にプロ野球像を打ち出すことはなかった。それは日本のプロ野球が東京巨人の北米遠征体験を通してアメリカ野球の中で学びとったはずのものを生かしきれないままに、見切り発車してしまったことを物語っている。『高い理念』を謳ったはずの連盟綱領はその後も実際的な肉付けがなされることはなく、戦争中二度の改定を経て、生き残りをかけたプロ野球の戦争協力を謳う内容に変わっていった。一方、教育的意味を野球に求め、明確なビジョンを打ち出した飛田に代表される日本野球論が、今日にいたるまで日本野球の底辺に深く浸透しているという事実は否定できない」[31]。

日本職業野球連盟の役員・綱領決まる

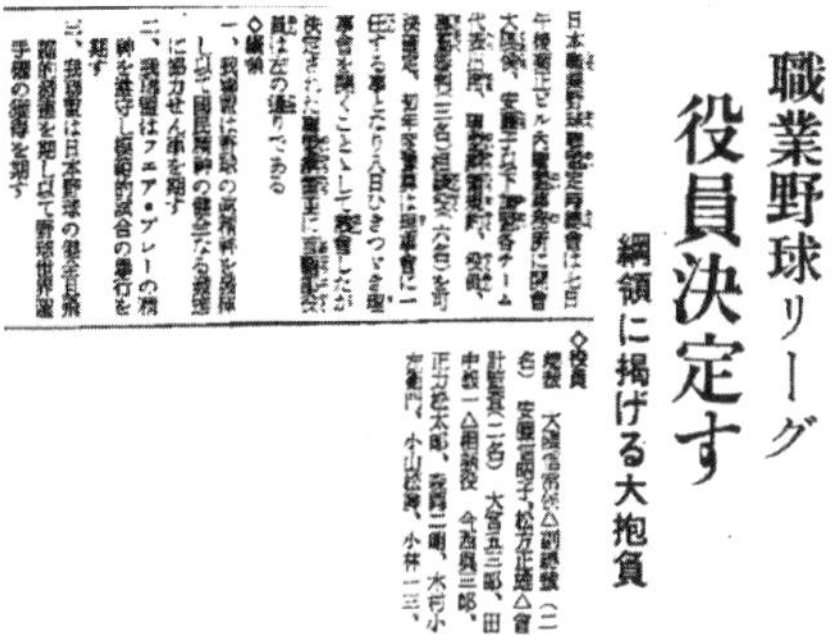
職業野球リーグ
役員決定す
綱領に掲げる大抱負
◇役員
◇綱領
[資料 3-43] 昭和 11 年４月８日 読売新聞

二月五日に創立総会を開いて結成された日本職業野球連盟は、その後二カ月にわたり会合を重ねたのち、連盟役員を決定し、綱領を発表した（資料3―43）。綱領の起案者は、東京巨人軍事務所と連盟の職員を務めていた野口務だった。綱領には野口独自の信念が込められている。また、連盟の掲げる目標が「野球世界選手権」――日本のプロ野球もくわえたワールドシリーズ――で勝利するというものであったことも心に留めておくべきであろう。野口の思いを資料から引いてみる[32]。

選手の契約問題などを規定し、日本プロ野球最初の〝憲法〟ともいうべき最も重要な連盟の規約を起草したのは、当時、巨人軍球団事務所の職員と連盟の職員を兼務していた野口務だった。この規約は最初、二月中にまとめられる予定だったが、二・二六事件の影響でのびのびとなり、四月にまとめられたものだった。

冒頭にかかげられた三ヵ条の綱領には、京大社研出身の野口の、急速に戦争になだれこむ暗い時代に対する、彼なりの抵抗精神が示されていた。

一、我ガ連盟ハ野球ノ真精神ヲ発揮シ以テ国民精神ノ健全ナル発達ニ協力セン事ヲ期ス

一、我ガ連盟ハ「フェア・プレイ」ノ精神ヲ遵守シ模範的試合ノ挙行ヲ期ス

一、我ガ連盟ハ日本野球ノ健全且飛躍的発達ヲ期シ以テ野球世界選手権ノ獲得ヲ期ス

この綱領は、当時非合法化されていた日本共産党の党員が数多くもぐりこんでいた労働党の綱領を手本にしたものだった。

野口が職業野球の球団事務所につとめはじめた頃、かつての京大社研の仲間から、こう冷やかされたことがあった。

「プロ野球の仕事に就くときいたから、てっきりプロレタリアート野球のことだと思っていた。それがプロはプロでも、プロフェッショナル野球とは、世の中も変われば変わったもんだね」

季節の風景（2）春のおとずれ（桜名所の花検分）

昭和十一年の気候は、冬は寒くて夏は暑い一年だった。一月から二月にかけては、記録的な寒波に見舞われた。二・二六事件は、降雪の早暁の出来事であった。厳冬の影響なのか、桜の開花もおくれているようであった。四月五日付夕刊の読売新聞には、「遅ればせながら紅唇まさに綻《ほころ》ぶ　桜名所の花検分」という見出しの記事がある（資料3―44）。（東京における）花検分は、長かった冬の終焉と春のおとずれを雄弁に語っている。

記事（資料3―44）内容の一部を以下示す。

いざ！待望の花信だ
あすは絶好！行楽の第一頁
遅ればせながら
紅唇まさに綻ぶ
櫻名所の花検分
上野
向島
飛鳥山
その他

［資料 3-44］昭和 11 年 4 月 5 日夕刊 読売新聞

上野

「昭和十年三月二十二日バイソンの檻の前にある彼岸桜十二輪咲く」古賀園長[33]さんの日記の一節である、それから間もなく園内一帯の染井吉野が咲き初めて四月ともなれば爛漫となる、その彼岸桜が今年は例の寒波で十三日遅れて四日事務所の前にある吉野桜と足並み揃えて、だがはずかしそうに咲出た、あと四、五日

で花は見ごろ……午後二時から恒例の〝花まつり〟きょうは子供の花見で一ぱいだ

向島

震災［関東大震災］後堤が舗装道路になったためオール持つ手に散る花の風情はないが木の若い点では東都随一だ〝言問《こととい》だんご〟の女将の話では「あと一週間、十五日ごろが盛りでしょう！」

飛鳥山

毎年四月一日が山開きときまっていたが、今年は花が遅れて明五日山開き、花見茶屋十軒の用意も出来た、咲き始めるのはどうしても十日過ぎになるらしい

その他

小金井、井ノ頭、千鳥ヶ淵等も例年より約一週間遅れて十日すぎになる模様だ、なお市公園課では花見シーズンを前に「国華さくらを愛護しましょう」とポスターを作り各所に配布するほか地元の町会員と連絡をとって花見客の便宜を図ることになった

ハワイ・ブレーブス軍の来日

四月半ば、桜の花を愛でたあとはいよいよ球春到来だ。いくつかの球団は遠征に精を出しているが名古屋金鯱軍は特別な存在だ。四月十九日の甲子園球場での大阪タイガース戦――この試合は大

阪タイガースの初披露試合である——を行ったのち、ただちに朝鮮へとむかう（約一週間滞在し京城〔現ソウル〕にて試合）。金鯱軍の遠征意欲は旺盛であった（資料3—45、見出し「金鯱軍朝鮮へ遠征」）。

記事（資料3—45）内容を記す。

名古屋野球クラブ金鯱軍は、来る十八日各務《かかみ》ヶ原球場[34]において同球場最初のプロ球戦——東京セネタースと対戦し、ついで十九日には甲子園へ転戦、同球場における大阪タイガース結成披露試合に出場して、同チームと戦いを交えてのち、同夜たゞちに一路朝鮮へ向けて出発、京城に二十六日まで滞在して同地の諸チームと戦いを交えることとなった

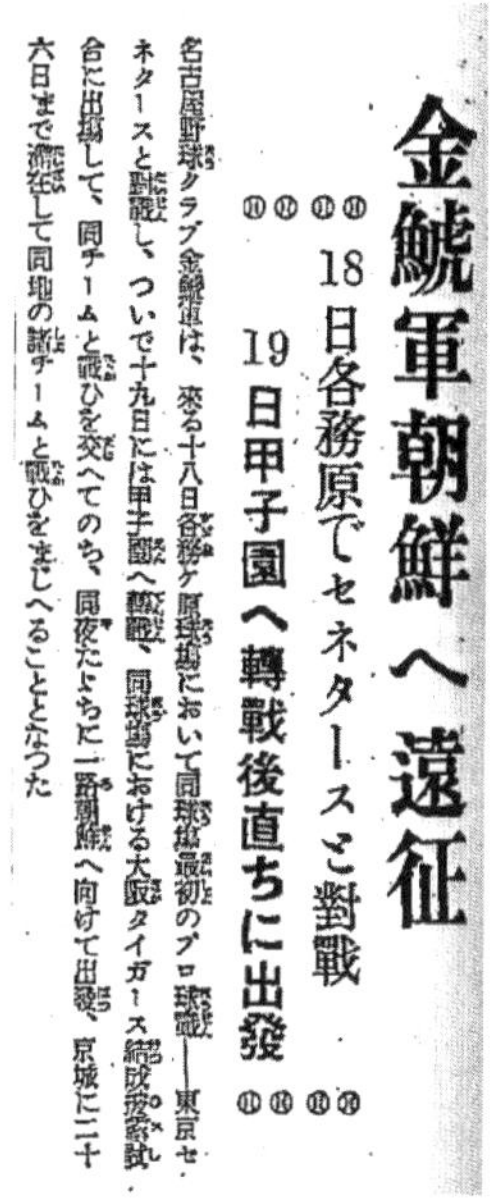
金鯱軍朝鮮へ遠征

18日各務原でセネタースと對戰
19日甲子園へ轉戰後直ちに出發

名古屋野球クラブ金鯱軍は、來る十八日各務ヶ原球場において同球場最初のプロ球戰——東京セネタースと對戰し、ついで十九日には甲子園へ轉戰、同球場における大阪タイガース結成披露試合に出場して、同チームと戰ひを交へてのち、同夜たゞちに一路朝鮮へ向けて出發、京城に二十六日まで滯在して同地の諸チームと戰ひをまじへることとなつた

[資料3-45]昭和11年4月14日　名古屋新聞（鶴舞中央図書館所蔵）

名古屋軍は先述したようにハワイ・ブレーブス軍を招いて、大東京軍や阪急軍も加えて四チームによる試合を行う予定である。その対戦を「国際専門野球戦」——新愛知新聞は「職業野球」の代りに「専門野球」を使用

無敵のブ軍を迎へ
國際專門野球戰
十八日(土)十九日(日) 鳴海球場で擧行

［資料3-46］昭和11年4月14日　新愛知新聞（鶴舞中央図書館所蔵）

脅威の的宮武山下
阪急軍の爆撃陣
鳴海の専門球戰近し

［資料3-47］昭和11年4月15日　新愛知新聞（鶴舞中央図書館所蔵）

する傾向にある――と銘打って、例によって鳴海球場で開催することを宣伝していた（資料3―46、3―47、3―48）。

試合結果について簡単にふれておきたい（投手名は日本チームのみ）。

四月十八日（土）　名古屋軍対阪急軍（1A―0）　勝ち投手・ノース(35)　負け投手・北井(36)

大東京軍対ブレーブス軍（1―3）　負け投手・近藤(37)

十九日（日）　大東京軍対阪急軍（1—8）　勝ち投手・山田[38]　負け投手・近藤
名古屋軍対ブレーブス軍（4—1）勝ち投手・牧野[39]

ハワイ・ブレーブス軍は、四月二十六日まで日本各地で転戦、最後に静岡球場において、ふたたび名古屋軍や大東京軍と対戦した（資料3—49）。帰国をまえにしたブ

あす鳴海で國際専門野球戰
球技の眞髄含味
得點打者ハリス、鬼頭、山下等々
ブ軍に光るセンテオの快打
ブレーブスの强豪三銃士
2A—1
布哇ブ軍雪辱

[資料 3-48] 昭和 11 年 4 月 17 日　新愛知新聞（鶴舞中央図書館所蔵）

名古屋、大東京軍共にブレーブス軍を破る
ノースの許した安打僅かに二本
靜岡の専門野球戰
セ軍優勝
ノースの好投推賞に値す
金鯱軍辛勝
巨人軍勝つ

[資料 3-49] 昭和 11 年 4 月 27 日　新愛知新聞（鶴舞中央図書館所蔵）

レーブス軍は少し気がゆるんでいたのか連敗している。それにしても大東京軍はかろうじて勝利したもののチーム力の弱さが目に付く。公式戦が心配である。

文部大臣の声明（「学生野球の浄化に職業野球栄えよ」）

平生文相言明
學生野球の淨化に
職業野球榮えよ
今の學生は軟弱だ
少年時代からスポーツをやれ

[資料 3-50] 昭和 11 年 4 月 16 日 読売新聞

昭和十一年前後の流行り言葉のひとつとして、「浄化」がある。その言葉は、ある特定の文脈や場所において、ある特定の言説を構築する力を持っている――それは、元々共産主義者を弾圧する用語としても使用されていた。資料3―50にあるような記事の見出しの文言、「学生野球の浄化」、その表現自体がきわめてパワフルにみえる。だれからの異論もゆるさない正当性を主張しているかのようである。学生野球の浄化に異議をとなえる輩は言語道断だ、といわんばかりに。記事は平生文部大臣[40]の言を載せている。文相の職業野球にかんする見解は、職業野球にとっては追い風である。学生野球の浄化のために職業野球を振興させるという主張は、市岡忠男氏の所論と通じるところがあるようだ。

記事（資料3—50）内容の一部を記す。

……十五日夕方永田町の文相官邸で記者団と会見した際文相の抱懐するスポーツ観を述べ、殊に「学生野球団の浄化については職業野球団を大いに振興せしめなければならぬ」と語って、注目すべき意見を吐露した、これは職業野球の真意義についてや、もすれば誤った解釈をするもの、ある折柄、大いに玩味すべき言である、……〈後略〉

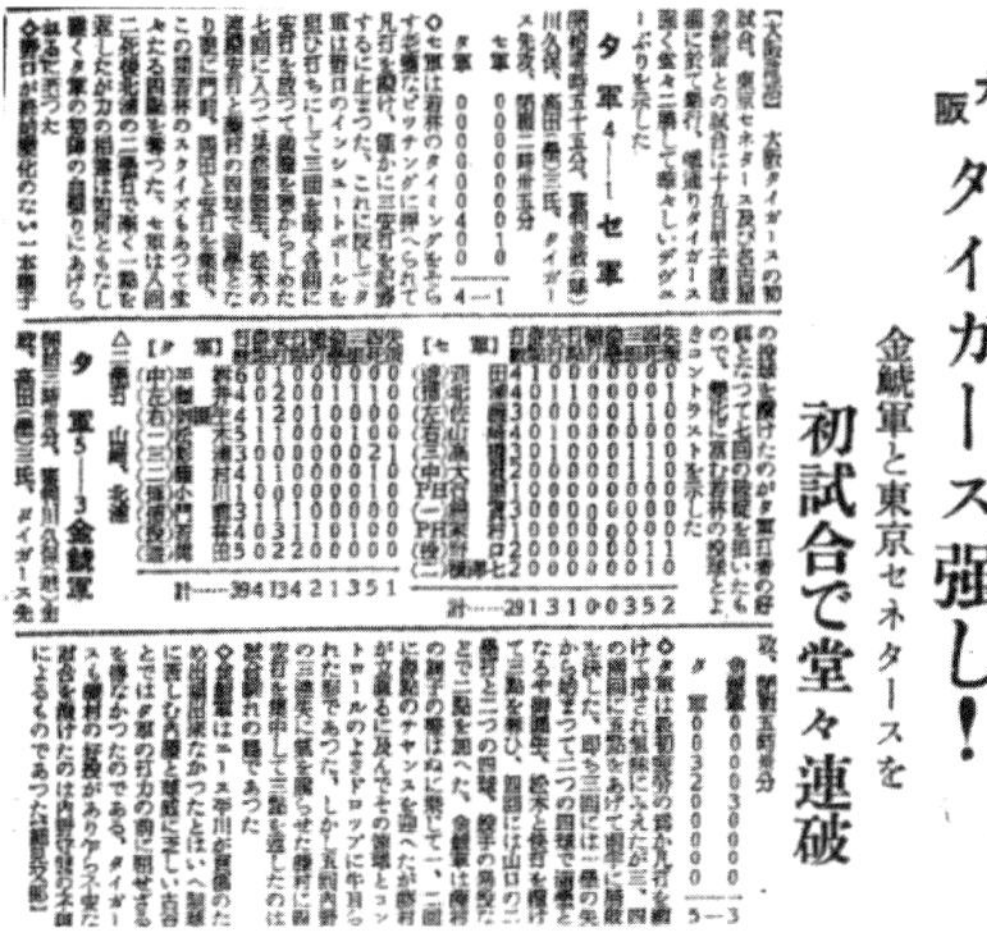
大阪タイガース強し！
金鯱軍と東京セネタースを
初試合で堂々連破

[資料3-51]昭和11年4月20日 読売新聞

大阪タイガース甲子園で披露試合

大阪タイガース（大阪野球倶楽部）は、前年（昭和十年）の十二月十日創立したのであるが、それから四カ月のあいだ、未だ試合をしていなかった——あとから誕生した、名古屋軍や大東京軍、東京セネタース、名古屋金鯱軍は精力的に試合を行っており、ライバル阪急軍もうごきだしている。おくればせながら、大阪タイガースは、地元関西——それも甲子園球場——での、お披露目試合を、東京セネタースと名古屋金鯱を相手に戦った（資料2—51）。結果は連勝。スタートとして上出来であった。

戦時体制への道（9）国防上の要請による自動車の国産化

満州事変以降、軍用自動車の重要性は陸軍において認識され始め、陸軍の要請で商工省が中心となって法整備が進んでいた。昭和十年八月、岡田啓介内閣は「自動車工業法要綱」を閣議決定、米国の自動車への依存からの脱却、国産車の製造推進にむかっていった。二・二六事件後、政権は廣田内閣へ変わるが、「自動車製造事業法案」がととのえられ、国会での審議を待つばかりとなっていた。「自動車の国産化」の必要性を、国防上かつ産業上の観点から説く記事がみられる（資料3—52）。同法案は五月十九日に上程され、わずか十日後に法案が成立、即日の公布となった。「製造事業法」[41]のスピード成立をうながしたのは、「時局」の言説をバックにした、陸軍の政治的権力の増大と無関係ではないだろう。同法案が審議中の五月二十二日の新愛知新聞には、トヨタ自動車——当時は「トヨダ自動車」（濁点付きでの表記）——による、国産大衆車の登場を伝える記事をみることができる（資料3—53）。

記事（資料3—52）内容の一部を示す（傍点は中西）。

自動車の國産化
國防上産業上の必要から立案
製造事業法の全貌

[資料3-52] 昭和11年4月29日　新愛知新聞（鶴舞中央図書館所蔵）

工業
國産大衆車の尖端
"トヨダ"自動車
月産五百台を目標として
來月初旬お目見得
自動車工業確立に
留意すべき諸要點
工場經營合理化に
先づ照明の經濟化

[資料 3-53] 昭和 11 年 5 月 22 日　新愛知新聞（鶴舞中央図書館所蔵）

商工省声明

自動車は国防上絶対に必需品であるが故に国産自動車工業の確立は国防上緊急を要するものであると同時に自動車の産業上並《ならび》に交通上の重要性及び斯業が産業上のいわゆる基礎的工業の一なるに鑑み産業的見地よりその確立は一日もこれを忽《ゆる》がせにする能《あた》わざるものである、しかるにわが国自動車の大部分はこれを外国よりの供給に依存している現状であって斯業確立の必要はつとに痛感せられて来たところであります……〈後略〉

職業《プロ》野球公式戦いよいよ開催へ

昭和十一年の一月から四月までのあいだ、わが国の職業（プロ）野球団が続々と誕生し、チームとして整備していく姿を垣間みることができた。その間には大きな出来事があった。国際政治においては海軍軍縮会議を退席、日本は自主国防をかかげ戦時体制が徐々に構築されることになる。一月下旬から二月にかけて、稀にみる豪雪に見舞われ鉄道など各方面で大きな被害をみた。また、世を震撼させるような事件（二・二六事件）も起きた。さまざまな出来事の合間をぬうように各チームは日本職業野球連盟主催の初のリーグ戦にのぞむため、各球団独自のやりかたで準備を入念に行ってきた。いよいよプロ野球リーグ元年の幕開けである。資料3—54はそれを伝える記事である——いつもながら新愛知新聞は「専門野球」という言葉を好んで使用している。

六球團が參加して
専門野球豪華版
あすから甲子園で 最初のリーグ

［資料3-54］昭和11年4月28日
新愛知新聞（鶴舞中央図書館所蔵）

【注】

（1）石原繁三（1914-1946）。成田中—川越中—遠野中（岩手県）を卒業後、鉄道省を経てセネタースへ。のちに大洋軍、大和軍などでプレー。二回の応召のあと終戦後の引きあげの直後に病没。千葉県出身。

（2）これらの試合は球団同士の取り決めによって企画された試合である。日本職業野球連盟主催の試合は四月二十九日まで待たねばならなかった。

（3）監督の横澤三郎か。もしそうであればセネタースの投手団は十分ではなかったようだ。

（4）大貫賢（1906-1975）。荏原中卒。日本運動協会（のちに宝塚運動協会）でプレー。奉天日満実業を経て東京セネタース入団（初代主将）。十三年にイーグルスへ。戦後はパ・リーグの審判員を務めた。東京都出身。

（5）黒沢俊夫（1914-1947）。八尾中、関西大を経て名古屋金鯱軍へ（昭和十一年〜十五年）。その後大洋軍、東京巨人軍（読売ジャイアンツ）に在籍。体調不良をかくしてプレーをつづけ昭和二十二年病没。巨人時代の背番号4は巨人の永久欠番。大阪府出身。

（6）鳴海球場（名古屋鉄道の運営）自体は、名古屋軍や名古屋金鯱軍の所有する球場ではなかった。また、一つの球場を二つの球団が使用するという現実も複雑な要素であり、一つの球団に一つの専用球場という、河野安通志らの理想からは遠くはなれている（河野の夢は、のちに東京の小石川・後楽園の球場建設で実現することになる）。

（7）御園生崇男（1916-1965）。山口中を経て関西大へ。昭和十一年二月、わずか一年で中退し、結成したばかりの大阪タイガースに加わる。初年度からタイガースの主戦投手として活躍、翌十二年秋のシーズンには十五試合に登板、十一勝無敗の大活躍でタイガースの初優勝に大きく貢献。山口県出身。

（8）景浦将（1915-1945）。松山商を経て立教大へ。並外れた長打力が注目されていた。昭和十一年に大阪タイガースに入団してそのパワーに磨きがかかった。投手とかけ持ちだったが、両方で好成績をおさめた。景浦の名を高らしめたのは昭和十一年の東京巨人軍との年度優勝決定戦。沢村栄治から左翼スタンド（洲崎球場）でワンバウンドして場外に消える大3ランホームランを放ちファンの度肝を抜いた。プロ野球草創期最大のロングヒッター。二十年五月二十日、フィリピンで二十九歳の若さで戦死（殿堂入り、一九六五年）。愛媛県出身。なお、新聞記事（資料3—6）では「影浦」になっているが、小著では、『野球殿堂2018』のなかの表記「景浦」に合わせた。

（9）『タイガースの生いたち』（二五頁）。

（10）『阪神タイガース　昭和のあゆみ』（一一頁）。

（11）同書（一二頁）「歴史を刻んだ人々」（景浦将）。

（12）坪内道則（1914-1997）。松山商、天王寺商を経て立教大へ。昭和十一年大東京軍結成時に立大を中退して入団。昭和二十三年に史上初の一〇〇〇試合出場と一〇〇〇本安打。この記録は巨人軍川上哲治に先行するもので、坪内の草創期プロ野球への貢献度の大きさを物語る。二十四年中日に移り（助監督兼外野手）、自己最多の一七七安打を記録。二十七年〜二十八年中日監督（殿堂入り、一九九二年）。愛媛県出身。

（13）西園寺公望（1849-1940）。フランス留学後、明治十四年明治法律学校（現明大）を設立。伊藤内閣の文相などを歴任。

三十六年政友会総裁（三十九年・四十四年に首相）。パリ講和会議の首席全権をつとめ、最後の元老となった。昭和七年、五・一五事件以後、軍部に対しては宥和策をとったがその進出を防ぐことができず、昭和十二年第一次近衛文麿内閣を最後に後継首班推薦の任を辞した。京都出身。

（14）坐漁荘は、元老であった公爵・西園寺公望が大正九年に静岡県庵原郡興津町（現在の静岡県静岡市清水区）に建てた別邸。

（15）『元老 西園寺公望』（二九九頁）。

（16）同書（三〇四―三〇五頁）。

（17）原田熊雄・私設秘書。

（18）特急富士。

（19）松木謙治郎（1909-1986）。敦賀商を経て明大へ（強打俊足の一塁手として活躍）。卒業後は名古屋鉄道局、大連実業団でプレー。大阪タイガース結成時主将で入団。プロ野球二年目の昭和十二年、石本秀一監督とともに巨人軍の沢村栄治打倒のための練習を編みだし、年度優勝決定戦で沢村を打ち崩して優勝したのは有名。そのファイターぶりは戦前のタイガースの〝打の顔〟だった。タイガース、大映、東映で指揮をとる（殿堂入り、一九七八年）。福井県出身。

（20）飛田穂洲（第一章注65参照）。

（21）フランク・オドール（第一章注82参照）。

（22）宝塚運動協会のときも、阪急電鉄（小林一三）から支援をうけていた。しかし、有力な対戦相手であったセミ・プロ「大毎野球団」（親会社は大阪毎日新聞社）は、昭和初期の不況のあおりをうけて消滅。看板カードを失った、河野らの宝塚運動協会も解散に追い込まれた（昭和四年）。

（23）『中日ドラゴンズ30年史』（一一八頁）。

（24）田中斉の明大人脈が反映されていると思われる。

（25）鈴木惣太郎は、昭和九年の日米野球でのベーブ・ルースの招聘や、市岡忠男らと東京巨人軍を興すことに尽力してきた。また、フランク・オドールなど米国人脈が豊富である。鈴木は巨人軍の発展だけでなく、ひろく、日本の職業野球の成功のために名古屋軍に協力したといえる。

（26）ちなみに、大東京軍は「大日本野球連盟東京協会」。

（27）内海弘蔵（1872-1935）を指していると思われる。東京帝大卒。明大教授（国文学）であり、明治大学野球部の創設者（野球部長）。東京六大学野球リーグ結成を推進した。名古屋金鯱軍の結成にも尽力（岡田源三郎金鯱軍監督は元明大野球部監督）。

殿堂入り、一九七三年。神奈川県出身。

（28）『東京ジャイアンツ北米大陸遠征記』（四四五頁）。

（29）河西三省《さんせい》（1898-1970）。慶大中退後、時事新報社に入社。昭和四年、日本放送協会（現ＮＨＫ）に移る（スポーツ中継を担当）。十一年ベルリン五輪の女子二百メートル平泳ぎ決勝での「前畑がんばれ」のラジオ放送は有名。

（30）『野球界』昭和十一年六月（第二十六巻第八号、六三頁）。

（31）『東京ジャイアンツ北米大陸遠征記』（四四七―四八頁）。

（32）『巨怪伝』（二七八頁）。

（33）古賀忠道（1903-1986）。東京帝大卒。上野動物園「初代園長」。佐賀県出身。

（34）各務原運動場（岐阜県）と思われる。各務原運動場は各務原球場の閉鎖（昭和八年）によって開設。

（35）ノース（第二章注35参照）。

（36）北井正雄（1913-1937）。大社中学卒業後、米子鉄道管理局を経て関西大学でプレー。関西大学の黄金時代を築く。卒業後、村上實による熱心な勧誘を受けて阪急に入団（エースとして活躍）。「東の沢村、西の北井」と称されたが、昭和十二年八月、腸チフスにより急逝（二十四歳）。島根県出身。

（37）近藤久（1918-1975）。名古屋商業卒業後大東京軍結成時に加わる。昭和十一年四月二十九日、対名古屋軍戦（日本職業野球連盟主催最初の試合）に先発・完投、初の公式戦敗戦投手。翌年の春季リーグでは十一勝をあげる。愛知県出身。

（38）山田伝（1914-1987）。和歌山県生まれ、米国カリフォルニア州出身の日系二世。エリグローブ高校卒業後、ノンプロ・セミプロを経て阪急軍でプレー。外野手、二塁手（左投げ）、投手で活躍（盗塁王も）。戦後は阪神でコーチを務めた。

（39）牧野潔（1917-）。名古屋第二商業卒業後、名古屋軍へ（一年間在籍）。愛知県出身。

（40）平生《ひらお》釟三郎《はちさぶろう》文部大臣（1866-1945）。岐阜県第一中を経て東京外国語学校へ。東京商業学校に編入学、高等商業学校卒。廣田内閣で文相。貴族院勅選議員、枢密顧問官。岐阜県出身（美濃国加納藩＝現岐阜市加納町）。

（41）この法律によって、日産自動車と豊田自動織機が許可会社とされた。

あとがき

二年まえに野球本を書くことに突然スイッチがはいり、これで三冊目になった。前二作とくらべて、思いのほか執筆に手間取ってしまった。対象とする時代をさだめたものの、きわめて短い期間に職業野球団が複数誕生した――これまで溜まっていたエネルギーのすさまじいばかりの表出――ことにたいして、どのようにむきあったらよいのか思案が長くつづいた。なんらかの軸をもうけて筋の通った書きものに仕上げねばと、試行錯誤がくりかえされた――実際のところ、筆者の要領の悪さが露呈しただけかもしれないが。

書くべき対象が少しずつ定まってきたが問題は書き方であった。正直なところ、筆者は、けっして、野球史の専門家とよべるような知見を持ち合わせていない。戦前期の野球の歴史についてすぐれた考察を著している研究者がいることは、いくら鈍感な筆者でも承知している。そこで、日米野球をあつかった前二作でとった方法を今回の書においても適用してみようと思った。その方法とは、主題を探究するうえで、異なるジャンルの素材をモザイク状に配置してながめるというアプローチだ。これは、容易に解が見つかりそうもない問題や一筋縄ではいかない問題にとりくむ際に筆者がしばしばとる方法である。その意味で、筆者にとって、野球本を著すことは自らの方法論の是非を検証するための、いわば応用問題のひとつとしてみなすことができるかもしれない。

ところで、前著の日米野球であつかったテーマは日米親善野球と総力戦となった日米全面戦争というコントラストであった。アメリカ大リーグ選抜を熱狂的に歓待した日米野球からわずか数年後に両国は開戦。このような現象面における矛盾にむきあうことが主題であった。昭和六年の日米野球のときは、満州事変勃発直後に開催、昭和九年の日米野球は、日本の国際連盟脱退後に開催されていた。庶民の目線から見れば、一方では、野球観戦という娯楽、他方では満州へと出征兵士を送りだす場面、それぞれがちがった時代の出来事ではなく同じ日に、それも近くで起きていたという現実があった。

そのような対照的な出来事を雄弁に伝えているのが新聞紙面である。筆者が、ついのめり込んでしまうことは、野球関連の記事をさがしているときに、当時の社会の諸相を表わす事象が目に飛び込んできて、元々、調べる対象だったものよりも、むしろ野球以外のコンテンツのほうに惹きつけられてしまうことであった。それは、戦前期が、現代とのあいだに大きな乖離があるという先入見を打ちくだくものである。とくに、社会面・家庭面には今と変らぬ日常が語られている――それは両親や祖父母の生きていた時代の風景でもあった。そのような記事との遭遇によって、道草を食うかのごとく当時の時代の情景を想像し、遅々として野球の調べがすすまなかったが、それはそれで良いと思っている。

さて、本書の主題であるが、野球本でありながら、ひとびとが思考や行動において徐々にある特定の方向に仕向けられてしまうという事象にたいする潜在的な問題意識にもとづいている。昭和十一年は、日米野球が開催された時代（昭和六年、九年）よりも、日本を取りまく国際情勢においていっそう深刻なものになっていた。大陸での抗日勢力は拡大し、日中全面衝突（昭和十二年七月）の前年にあたる十一年に、まさに、わが国の職業野球リーグの誕生をみたのである。

プロ野球の黎明期をえがくことと、当時の社会を記述することは同じ次元に属するいとなみであると考える。戦前期の職業野球について新聞記事をたどりながら、社会の出来事を交互に配置し当時のひとびとが目にする同じ紙面を再提示する作業をつうじて、時代の情景といったものを垣間見ることができたらと思う。当時のひとびとの生活に思いをめぐらせ、ある時は喜びに浸り、またある時には恐怖におののくさまを時空をこえて体験することができるかもしれない。

プロ野球界は多種多様な社会のひとつの断面である。筆者は、ひとつの専門を追究していくというスタイルよりも、雑多な事象の海を漂流するのが性に合っているようだ――ときどき羅針盤をうしなってしまうことがあるが……。今回の野球本も前作と同様に、新聞記事の大海のなかにとび込んで作業を行った。果たして、無事航海を終えて帰港することができたのであろうか。賢明な読者の評価をまちたい。

本書をまとめるにあたり、多くの関係機関のたすけをうけた。コラム寄稿者の鈴村裕輔先生（野球文化學會長）には執筆依頼にたいして快く応じてくださった。この場をもって御礼申し上げたい。新聞関係では、読売新聞社、朝日新聞社（東京朝日新聞）、毎日新聞社（大阪毎日新聞）、中日新聞社（新愛知新聞・名古屋新聞、および国民新聞［後継紙は東京新聞］）の各新聞社の記事紙面が史料として大いに役立った。また、国立国会図書館や名古屋市鶴舞中央図書館が所蔵する新聞資料が仕事をすすめるうえで実際的な源泉となった。くわえて、いつもながら公益財団法人野球殿堂博物館図書室には多くを負っている。心より御礼申し上げたい。最後に、筆者の度重なる入稿のおくれにたいして忍耐づよく待ってくださった株式会社彩流社取締役社長・河野和憲さんにこの場をかりて謝意を表したい。

令和元年十一月

中西　満貴典

参考文献

東田一朔『プロ野球誕生前夜　―球史の空白をうめる―』（東海大学出版会　一九八九年）
伊藤之雄『元老 西園寺公望　―古希からの挑戦』（文芸春秋　二〇〇七年）
大平昌秀『異端の球譜「プロ野球元年」の天勝野球団』（サワズ出版　一九九二年）
菊池清麿『天才野球人 田部武雄』（彩流社　二〇一三年）
佐野眞一『巨怪伝　―正力松太郎と影武者たちの一世紀』（文藝春秋　一九九四年）
鈴木龍二『鈴木龍二回想録』（ベースボール・マガジン社　一九八〇年）
高橋安幸『伝説のプロ野球選手に会いに行く　球界黎明期編』増補改訂版（廣済堂出版　二〇一二年）
永田陽一『東京ジャイアンツ北米大陸遠征記』（東方出版　二〇〇七年）
中西満貴典『追憶の日米野球Ⅱ』（彩流社　二〇一八年）
藤井忠俊『国防婦人会』（岩波書店　一九八五年）
藤本定義『プロ野球風雪三十年の夢』（ベースボール・マガジン社　一九六三年）
松木謙治郎『タイガースの生いたち』（恒文社　一九七三年）
森岡浩編著『プロ野球人名事典』（日外アソシエーツ編・紀伊國屋書店　二〇〇三年）
山際康之『兵隊になった沢村栄治　―戦時下職業野球連盟の偽装工作』（筑摩書房　二〇一六年）
大和球士『真説 日本野球史 昭和篇その二』（ベースボール・マガジン社　一九七七年）
『日本職業野球連盟公報』第一号（日本職業野球連盟事務局　一九三六年四月二十五日）
『改造』第十七巻第一号（改造社　一九三五年一月）
『野球界』第二十六巻第八号（野球界社／博文館　一九三六年六月）。
『東京読売巨人軍50年史』（東京読売巨人軍５０年史編集委員会編／東京読売巨人軍　一九八五年）
『阪神タイガース　歴史のあゆみ［プロ野球前史］』（株式会社阪神タイガース編集発行　一九九一年）
『中日ドラゴンズ30年史』（株式会社中日ドラゴンズ編／中日新聞社　一九六五年）
『阪急ブレーブス五十年史』（株式会社阪急ブレーブス・阪急電鉄株式会社編集発行　一九八七年）
『輸送奉仕の五十年』（阪神電気鉄道株式会社臨時社史編纂室編／阪神電気鉄道株式会社　一九五五年）

『名鉄自動車学校 社史「30年の歩み」』（一九八九年）
『20世紀日本人名事典』（日外アソシエーツ編・紀伊國屋書店　二〇〇四年）
『野球殿堂 ２０１８』（野球殿堂博物館／ベースボール・マガジン社　二〇一八年）
『読売新聞』（一九三五年八月〜一九三六年四月）
『国民新聞』（一九三六年一月〜一九三六年四月）
『東京朝日新聞』（一九三六年三月）
『大阪毎日新聞』（一九三六年一月）
『新愛知新聞』（一九三六年一月〜五月）
『名古屋新聞』（一九三六年一月〜四月）

【著者】
中西満貴典
…なかにし・みきのり…

1953年生まれ。愛知県豊橋市出身。名古屋大学工学部応用化学科卒業。名古屋大学大学院国際開発研究科博士課程修了。博士(学術)。(株)富士電機製造を経て、愛知県立岡崎高等学校、岐阜市立女子短期大学などで教鞭を執る。『「国際英語」ディスクールの編成』(中部日本教育文化会・2002)、『追憶の日米野球』(彩流社・2017)、『追憶の日米野球Ⅱ』(2018)、『レトリックと哲学—ケネス・バークからミシェル・フーコー』(彩流社・2019)ほか。思想史・野球史研究。

Sairyusha

プロ野球《やきゅう》の誕生《たんじょう》

二〇二〇年二月一日　初版第一刷

著者——中西満貴典
発行者——河野和憲
発行所——株式会社 彩流社
〒101-0051
東京都千代田区神田神保町3-10
電話：03-3234-5931
ファックス：03-3234-5932
E-mail：sairyusha@sairyusha.co.jp
印刷——明和印刷(株)
製本——(株)村上製本所
装丁——中山銀士＋金子暁仁

ISBN978-4-7791-2657-4 C0075

http://www.sairyusha.co.jp